내 마음 다친 줄 모르고
어른이 되었다

일러두기

* 이 책에 등장하는 사례는 다년간의 경험과 전문성을 바탕으로 만들어진 내용으로 가명이 활용되었으며, 특정 개인이나 실제 상담 사례와 무관합니다. 주제를 보다 더 효과적으로 전달하기 위해 구성되었음을 일러둡니다.
* 이 책은 독자가 심리 상담 과정을 생생히 경험할 수 있도록 최대한 말맛을 살려 편집되었습니다.

내 마음 다친 줄 모르고 어른이 되었다

김호성
지음

힘들 때 나를
지켜 주는 내 손안의
작은 상담소

온더페이지

뭐가 힘든지
모르겠는 당신에게

"선생님, 대체 뭐가 힘든 건지 모르겠어요."

상담을 오시는 분들은 많은 곳을 찾아 헤매다가, 먼 하늘을 앉지도 못하고 날던 새처럼 저를 찾아오시곤 합니다. 그리고 하시는 첫 말씀이 대부분 이러합니다. 너무 힘든데, 뭐가 힘든지 모르겠다고요.

생각해 보면 그럴 만도 합니다. 세상은 너무나 빠르게 변하고, 우리는 챙겨야 할 게 너무 많지요. 부모님의 부담스러운 잔소리도 챙겨 들어야 하고, 연인이, 혹은 배우자가 너무 힘들지는 않은지, 아이들은 별일 없는지 챙기기만 해도 하루가 다 갑니다. 그뿐인가요. 회사 일도 잘해야 하고, 인간관계도 잘 챙겨야 하고, 공사다망한 일들이 매일매일 쏟아집니다.

미디어는 하루가 멀다 하고 새롭고 자극적인 것들을 꺼내어 놓고,

우리는 항상 새로운 걸 배워야 할 것만 같고 경쟁에 처지면 안 될 것만 같습니다. 넘치는 정보는 자연스레 사람들을 비교와 경쟁으로 내몰고, 우리는 점점 자신을 돌아볼 기회를 잃은 채 겉으로 드러나는 모습에만 집중하게 되었습니다.

사회는 살아 있는 생명체와 같아서, 우리 한 명 한 명과 유기적으로 이어져 있지요. 우리가 내면의 마음을 소홀히 하는 것은 사실 개인뿐만 아니라 사회에도 큰 문제를 야기합니다. 간단한 논리입니다. 자신의 감정을 인정하지 않고 억압하다 보면 결국 정신적 건강이 악화될 수밖에 없으니까요. 여유가 없어지면 이기적인 선택을 하게 되고, 그런 선택들이 모여 또다시 악순환을 낳게 됩니다. 어떤 면에서, 사회에 일어나는 많은 문제들이 결국은 개개인의 마음의 문제에서 비롯된 총합이라 생각해도 과장이 아니라는 생각이 듭니다.

하지만 그럼에도 우리는 소통을 필요로 합니다. 아이러니하게도 피상적인 상호 작용에 매달리는 것도, 겉모습에 신경을 쓰고 경쟁에 내몰리는 것도, 결국은 다른 이에게 수용과 인정, 나아가 사랑을 받기 위해서니까요.

제가 너무나 힘들어 제 마음을 고치기 위해서 공부를 시작했던 젊은 시절, 저는 오로지 저를 살려야겠다는 일념 하나뿐이었습니다. 가난하고 싸움이 끊이지 않던 집안에서 자랐던 저는 이미 어린 나이에 철이 들어 버렸고, 그저 바라는 것이 가족 다 같이 앉아 평화롭게 밥 한번 먹는 것이었을 만큼 외롭고 힘든 어린아이였지요.

타고난 민감한 기질과 어려운 상황이 겹치고 겹친 끝에 마음의 상처는 온몸으로 나타났고, 종래에는 고통으로 잠조차 잘 수 없는 지경이 되었습니다. 정신과 약을 최고 허용량까지 처방받아 복용했음에도 한숨도 자지 못하는 날들이 이어졌지요.

저는 제가 왜 그리 힘들고 아픈지도 모른 채, 삶의 아슬한 기로 속에서 온갖 방법들을 찾아 헤맸습니다. 지금의 저를 찾아오시는 분들처럼요.

스스로를 살리고자 심리학을 공부하기 시작했지만, 그것만으로는 해결되지 않았어요. 온갖 교수님들을 찾아가 상담했으나 해결책을 찾을 수 없었고, 더 근본적인 방법을 알아야 한다고 느낀 저는 미국으로 건너가 의학최면, 무의식을 공부했습니다. 하지만 여전히 부족했습니다. 계속 해결되지 않는, 빠져 있는 조각들이 있었고 결국 그걸 채우기 위해 뇌과학까지 공부하기에 이르렀지요.

그렇게 수년. 저는 마침내 죽음의 문턱에 있던 저를 삶으로 다시 끄집어 올렸습니다. 그때 그 순간을 아직도 어제 일처럼 선명하게 기억합니다. 아주 깊고 어두운 굴 속에서부터 만년 만에 햇빛을 맞닥뜨린 것 같던, 그 치유의 경험을요. 그 기적 같은 순간을요. 삶이 다시 저를 향해 열렸던, 거짓말 같은 2막의 시작이었습니다.

그러고 나니 주변 사람들이 보였습니다. 너무나 힘든 사람들의 마음, 어쩌면 다음 날 해가 뜨길 바라지 않을지도 모르는, 하루가 천 년 같고 만 년 같기만 한 그런 무수한 마음들이요. 그럼에도 살아 보고자 하는, 어떻게든 잘 살아내고자 하는, 절실하고도 절박한 마음들이요.

살 수 있어요, 방법이 있어요. 아직은 그저 방법을 모르는 것뿐이라고, 제가 저를 구한 방법이라면, 당신도 그 길고 어두운 터널 속에서 빠져나올 수 있다고. 그런 마음으로 상담을 시작했습니다. 저는 원래 음악을 하던 사람이었지만, 그 시점의 저에게 더는 그런 것이 중요하지 않았습니다.

옆에 있는 사람을 돕기 시작하니 또 그 옆의 사람, 그 옆의 사람을 돕게 되었고 그렇게 하다 보니 공간이 필요해져 센터를 꾸리게 되었습니다. 그렇게 한 분, 한 분 마음을 다해 만나 오기를 몇 해, 벌써 올해로 16년 차가 되었습니다.

여전히 아주 많은 분들이 오래전의 저처럼, '저 뭐가 힘든지 모르겠어요. 그런데 너무너무 힘들어요.'라면서 센터를 찾아오십니다. 다행히 저는 이제 제가 걸어온 길을 길잡이로 내담자들에게 치유의 여정을 선물할 수 있게 되었고, 정말 감사하게도 대다수 분들이 일상을 회복하고 삶이 바뀌었다는 이야기를 전해 주십니다. 몇 년 동안 병원을 전전하시며 일상생활이 어려우셨던 분들도 이제 자신의 힘으로 잘 살아가고 계시다고요. 그런 안부 인사를 들을 때마다 이 일을 하기를 참 잘했구나, 생각하곤 합니다.

대다수의 내담자들은 자신이 왜 힘든지 모른 상태에서 갑자기 증상이 나타났다고 느끼는 경우가 많습니다. 갑자기 일상이 힘들어져서. 얼마 전까지는 그래도 버틸 만했는데 갑자기 아무것도 머릿속에 들어오지 않고 하얘져서. 갑자기 사람들 앞에 나설 수가 없어져서. 갑자기 숨이 막혀서. 이유는 모르겠지만 계속 잠들지 못해서. 그것을 끝없이 의지로 내리누르고, 회피하거나, 다른 방법으로 해결하려 애쓰다가 오시지요.

사람의 뇌가 99.9%의 무의식과 0.01%의 의식으로 이루어져 있다는 사실은, 이제 뇌과학자나 의사가 아니어도 으레 알고 있는 이야기입니다. 그 말은 즉, 의식만으로는 풀어낼 수 없는 문제들이 훨씬 더 많다는 뜻이지요. 안타깝게도 오래도록 누적된 상처는 무의식에 뿌리를 내려 있기에, 의식적인 노력은 그 깊이까지 닿지 못한 채 흩어집니다.

진정한 치유가 일어나기 위해서는 마음 깊은 곳까지 들어가야 합니다. 상처라는 것은 감정이고, 이는 편도체에 누적되어 있습니다. 이 편도체라는 녀석은 생존을 위해 발달했기 때문에, 자신에게 위협이 되는 신호가 들어오면 그것을 공포, 불안 등의 스트레스 반응으로 받아들이고 계속해서 떠올리게 만듭니다.

위험하니까 잊어버리지 마! 계속 생각해야 해! 하고 신호를 보내는 겁니다. 우리가 흔히 직장에서 상사나 동료에게 모욕을 당하면,

그 일이 집에 가서도, 자다가도, 아침에 출근하기 전에도 생각나지 않습니까? 그러다 보니 자연히 스트레스에 지속적으로 노출이 되게 되고, 그것이 강화 반응이 되어 장기 기억에까지 저장되게 되는 거지요. 그럼 이후에 다른 사람이 비슷한 행동이나 언사를 보일 때, 우리는 오래전에 저장된 것들에서부터 근거를 끄집어 올려 그 대상에게 덮어씌우게 됩니다.

이런 식으로 우리의 안에는 이토록 오랜 세월 쌓여 온 많은 방어기제, 스트레스에 대한 감정들이 누적되어 있습니다. 때문에 사실상 모두가 흔히 오해하듯이 '온전한 이성적' 판단이란 존재하지 않는 겁니다. 사실은 모두 편도체의 반응, 감정을 베이스로 하여 자신의 생존율을 높이는 방향으로 발전한 거니까요.

심리학을 공부하면서 저는 사람의 심리가 어떤 식으로 구성되고 분류되는지 알았고, 의학최면을 공부하면서부터는 심리학적인 방법들의 한계를 넘어 무의식 영역까지 접근하는 방법을 알았고, 뇌를 공부하면서 그것을 구조적이고 논리적인 방식으로 풀어 치유해 내는 방법을 알았습니다.

결국 문제를 해결하기 위해서는, 스스로와 친해져야 합니다. 오래된 상처들을 찾아내고, 하나하나 마주하여 깊은 곳까지 내려가서 부정적으로 굳어진 뉴런의 구조를 바꿔 주어야 합니다. 그래야 진정한 의미로 변화가 시작됩니다.

지금 제가 하는 치유 프로세스에는 그 여정이 하나도 빠짐없이 녹아들어 있고, 이 책 역시 여러 이유로 미처 상담을 오지 못하는 분들이, 도움의 손길을 뻗을 여력도 없는 분들이 손쉽게 뻗을 수 있도록, 서점의 서재 한 켠에, 인터넷으로 주문할 수 있는 사이트 한 켠에 자리할 수 있도록 그렇게 쓰였습니다. 오래전의 저에게 그토록 필요했던, 치유의 여정입니다.

읽기만 해도 좋습니다. 끝까지 보지 않으셔도 괜찮습니다. 마음이 가는 대로, 페이지를 넘기다가 따라 하고 싶어지는 구절에서 소리 내어 읽어 보시면 더욱 좋겠습니다. 중간중간 여러분의 자기 치유를 위해, 실전적인 질문들이 들어 있습니다. 이를 착실히 따라와 준다면 더할 나위 없이 기쁘겠으나, 바로바로 하지 않아도 괜찮습니다.

마음에 기운이 없을 때는 부담 없이 후루룩 읽었다가, 어느 순간 다시 보고 싶어지면 그때 다시 손에 든다면 좋겠습니다. 그러다가 유독 힘든 어느 날, 오늘은 좀 질문에 답변을 써 보자 하는 생각이 들 때 적어 보는 것도 좋겠지요. 어느 쪽이든 여러분에게 도움이 되게 활용하시면 됩니다.

그동안 이 치유의 여정에 첫 발을 들인 많은 분들이, 자신을 가로막고 있던 문제를 거뜬히 이겨 내고 빛나는 삶으로 돌아갔습니다. 네, 이 책을 손에 든 바로 당신처럼요.

이 책은 당신이 자신의 마음아이를 발견하고, 그 아이의 편이 되어 주고, 그리하여 나아가 당신을 가로막고 있던 모든 문제들이 사실은 별것 아니었음을, 당신이 사실은 그 모든 걸 능히 이겨 내고도 남을 만큼 강하고 멋진 사람임을 알게 하기 위해 쓰였습니다.

오래도록 많이 힘들었던 당신에게 이 책이 위로가 되기를, 함께 걷는 과정에 조금씩 더 빛나는 자신을 발견할 수 있게 되기를, 그리하여 마지막 장을 닫을 때 눈부시게 빛나는 원래의 모습이 되어 있기를 기대하고 응원합니다.

김호성

1호 제자의 추천사

"이 책이 나오고 나면, 사람들이 센터에 찾아오지 않아도 괜찮아."

책의 집필 작업이 한창 끝을 향해 달려가던 무렵, 원장님이 하신 말씀입니다. 저는 이 말이 참 충격적이었어요.

처음 집필을 시작하셨을 때 원장님을 도와 자료를 정리하면서, 내용을 어디까지 담으실 생각일까? 정말 다 담으시려는 걸까? 원장님의 사명에 동의는 하지만, 너무 다 알려 주시는 것이 아닌가. 그런 걱정을 했었습니다. 그리고 원장님의 말씀은 어떤 면에서 그 걱정에 대한 답변이었어요.

처음 원장님을 봤을 때가 생각이 납니다. 저는 몇 년 내내 불면증과 사회공포증에 시달리다가 센터를 찾았었어요. 불면증이 심각했을 때 해가 떠야만 겨우 잠이 들 수 있었던 수준이었고, 그게 반복되다가 자가면역 질환까지 생겼었습니다. 센터를 처음 오고 5개월 정도가 지났을 때, 저는 5년을 넘게 먹어 온 약을 끊었고 사람들과 한결 편하게 대화할 수 있게 되었습니다. 원장님의 제자 중 한 사람일 뿐인 제가 굳이 추천사를 쓰는 이유도, 조금이나마 절실한 분들께 이야기가 닿았으면 하는 마음에서입니다. 저도 정말 안 가 본 데가 없었기에, 분명 저처럼 몰라서 못 오는 사람들이 애타게 찾고 있을 거라는 생각이 들었거든요.

원장님을 도와 자료를 정리하고 오랜 이야기들을 들으면서, 저는 원장님이 참 나무 같다는 생각을 했습니다. 숱하게 많은 인간군상들 속에서 어떤 이들은 쉬러 오고, 어떤 이들은 열매를 따러 오고, 심지어 어떤 이들은 때로 톱을 들고 와도, 결국은 뿌리까지 내어 주는, 아낌없이 주는 나무 말이에요.

일을 돕는 내내 많은 이들이, 흙빛의 얼굴을 하고 왔다가 맑아져 돌아가는 것을, 울던 얼굴이 미소를 띠고 문을 나서는 것을, 놀랍고도 경이로운 심정으로 지켜보았습니다.

이제 그 나무가 뿌리까지 세상에 내어 주기 위해 뻗는다고 합니다. 책을 읽고 사람들이 스스로 괜찮아졌으면 하신다고, 그래서 센터에 안 와도 좋으시다고, 그 말을 들었을 때는 정말 눈물이 나서 혼났습니다. 어쩌면 여러분도 책을 읽다 보면, 제 심정을 짐작하실 수 있을지도 모르겠어요. 글 곳곳에 많은 사랑이 녹아 있음을 발견하시게 된다면, 그 또한 여러분께 드리는 선물이 되지 않을까 싶습니다.

책에는 원장님께서 많은 이들을 치유해 오신 16년간의 핵심, 정말 깊은 치유의 여정이 담겨 있어요. 한 권의 책이 그 깊이를 온전히 담아낼 수는 없겠지만, 캄캄한 밤바다를 헤매던 제가 등대를 발견했던 것처럼, 여러분들도 책 속에서 그 빛을 발견하셨으면 좋겠습니다.

'뇌'라는 미로 속 '마음아이' 찾기

당신의 마음속 아이는 괜찮은가요?

PART 3

어둠에서 빛으로, 100일의 변화

체질이 바뀌는 시간, 100일

PART 1

'뇌'라는 미로 속
'마음아이' 찾기

당신의 마음속 아이는
괜찮은가요?

    상담을 하다 보면 무엇보다 가장 필요한 것이 '공감'이라는 것을 알게 됩니다. 공감을 제대로 받아 본 경험이 생각보다 정말 적다는 걸 아시나요? 제대로 된 공감에는 대단한 힘이 있어, 정말 마음에 닿으면 10년 치의 설움이 눈 녹듯 녹아 버리기도 하지요. 그러나 대부분의 어른들은, 다른 사람들도 다 그렇게 산다는 핑계, 바쁘다는 핑계로 마음을 드러낼 기회, 이해받을 기회, 그리하여 자신을 들여다볼 기회를 잃어버리곤 합니다.

    사실 우리는 많은 부분에서 불통으로 인한 문제점들을 직면해 왔습니다. 회사에서는 직장 상사와의 문제에서, 나이가 어릴 때, 혹은 성인이 되어서도 종종 틀어지곤 하는 친구 관계에서, 늘 원하는 바를 강요하거나 혹은 무관심한 부모와의 관계에서, 심지어는 가장 믿고

의지해야 할 연인, 배우자와의 관계에서도요. 그리고 이 모든 문제의 밑바탕에는 사실 자기 자신과의 관계가 있습니다.

남들의 무시에 민감하고 화를 내는 이들은, 보통은 자신의 마음에서부터 스스로를 인정해 주지 않는 경우가 많지요. 자식에게 욕망을 투영하는 부모가 가지지 못한 것을 아이에게 바라거나, 혹은 연인이 자신의 부족한 면을 채워 주길 바라는 마음도 비슷합니다. 스스로가 부족하다고 생각하는 것은 불안이 되고 결핍이 되어, 다른 데서 그걸 찾아 헤매게 만듭니다. 결국 많은 경우 대다수의 문제들은 자신과의 관계에서 비롯되는 셈이지요. 그래서 내면의 마음을 이해하고 공감하는 능력은 정말 중요합니다. 다른 이보다, 어느 누구보다 스스로에게요.

지금까지 우리는 주로 '상대에게' 공감하는 방법을 배워 왔지요. 상대의 아픔이나 상처에 공감해 줘야 한다는 이야기를 듣고, 나아가 '공감을 잘하는 법'에 대해 많은 일화와 책을 접했을 겁니다. 하지만 대다수의 사람들은 바로 그 중요한 '공감'을 스스로에게는 인색하게 합니다.

우리는 살아오면서 여러 경험들을 통해 계속 생각을 발전시키고 성장시키지만, 정작 마음을 제대로 들여다보는 법을 배운 적이 없지요. 그러다 보니 마음은 성장하지 못한 채 아이로 머물러 있게 됩니다.

아이인 '마음'은 감정을 표현하고 싶은데, 어른인 '생각'은 '조용히 해.' 하고 표현하지 못하게 하고, 아이인 '마음'은 슬프다고 티 내고 싶은데 어른인 '생각'은 '회사니까 그러면 안 돼.'라고 하지요.

'생각'은 우리의 전두엽으로 살아온 나이에 맞춰 성장하지만, 편도체인 '마음'은 제대로 보살피는 방법을 몰라 그대로 아이로 남게 되곤 합니다. 그리하여 '생각은 어른'이 되고 '마음은 아이'가 되지요.

그렇게 '마음아이'가 '생각어른'에게 밀리고 밀리다 희미해져, 살려 줘! 하고 외칠 때가 되면 우리는 덜컥, 두려워지거나 도망치고 싶거나 무기력해집니다.

상담 센터의 문을 두드리는 분들 역시, 힘든 문제를 혼자 오랜 시간 끌어안고 있다가, 자기 자신과의 연결이 희미해진 모습으로 찾아옵니다. 그들은 다른 이의 사정을 우선해 주고, 입장을 들어 주고, 양보하고 물러나다가 더 이상 도망칠 데가 없어져서, 없어지기 직전의 마지막 도피처처럼 센터를 찾아오곤 합니다. 마음아이가 외치는 '살려 줘!' 하는 목소리를 가득 끌어안은 채로요.

제가 가장 먼저 하는 일은 그분들의 마음속 아이가 잘 있는지 물어보고, 또 확인하는 일이에요. 그런 분들의 마음아이는, 여기저기 치이고 상처받고 작아져서, 주의 깊고도 조심스럽게 들여다보고 말을 건네어야 합니다.

조심스럽게 손을 잡아 이끌어낸 그 아이를 처음으로 대면하게 됐을 때, 대부분의 내담자들은 세상에 처음 태어난 것처럼 눈물을 터뜨

립니다. 내 안에 이런 아이가 있었다고, 이런 마음이 있었다고요. 그간 수많은 다른 것들을 우선하느라, 오랜 세월 챙기지 못했던 자신을 처음으로 마주하는 순간입니다. 저는 그것을, 자신의 마음에 '공감'한 것이라 표현합니다.

현시대에 많은 사람들이 공감이라는 단어를 익숙하게 사용하는 것 같습니다. 사실 진정한 공감이라는 것은 머리로 이해하는 것이 아닙니다. 자신이 어릴 적에 힘들었다는 걸 아는 것, 연인 때문에 힘들다는 것을 아는 것은 그저 '이해'입니다. '그랬구나', '힘들었구나'는 이해입니다.

우리에게 진정 필요한 것은 가슴으로부터의 '공명(共鳴)'입니다. 어느 누구도 아닌, 자기 자신에게 받는 공감이고 공명입니다. 진정한 공명은 '그랬구나'로 끝나지 않습니다. 함께 엉엉 울고, 부둥켜안고, 그래, 네가 원하는 걸 내가 다 해 줄게, 하게 되는 자연스러운 마음이 공명입니다.

그 첫 단추가 끼워져야, 자신의 삶에서 정말로 결핍되었던 것이 무엇인지, 그것을 해결하기 위해 뭘 해야 하는지를 진정으로 알 수 있습니다. 나아가, 훨씬 안정적으로 인간관계를 맺을 수 있게 됩니다.

이 장에서는 바로 그걸 위한 첫 여정 '자기 공명'의 단계를 안내하려 합니다.

첫 번째는 자신의 살아온 인생을 되돌아보는 일을, 두 번째로는

'진정한 공감'이 무엇인지, '어떻게' 해야 하는지에 대해, 세 번째로 그 공감하기를 통해 자신의 마음아이에게 위로와 사랑을 전달하는 방법을 알려 드리고자 합니다.

어렵지 않습니다. 생각보다 이해하기 쉽고 간결해서 놀라실지도 모릅니다. 원래 중요하고 귀한 것들은 쉬운 언어로 되어 있기 마련이지요. 가벼운 마음으로 한 발 같이 떼어 볼까요?

1회기 :

'나'는 어떤 힘든 삶을
살아왔나요?

내 삶을 괴롭혀 온 기억 찾기

"회사에서 뛰어내리고 싶어서 뛰쳐나왔어요."

낮게 가라앉은 회청빛 날씨의 어느 날. 한 여자분이 황망한 얼굴로 상담실 문을 두드렸습니다. 다소 상기된 얼굴과 길게 흐트러진 머리카락 등이 마음의 상태를 보여 주는 것 같았지요. 저는 우선 그분을 자리에 앉게 하고 따뜻한 차를 한잔 내려 드렸습니다. "천천히 심호흡하시고, 괜찮으니 천천히 말씀하세요." 하니 점점 진정이 되시더군요. 그러며 하는 첫마디가 이랬습니다.

"선생님, 저 너무 힘든데요. 제가 대체 왜 힘든지 모르겠어요."

이어지는 말은 다음과 같았습니다. 자신을 서유진이라 소개한 그분은, 어릴 적부터 아주 열심히 살아왔더군요. 어릴 때는 부모님의 기대에 부응하기 위해 열심히 공부했고, 부모님이 원하던 직장에 입사한 분이었어요. 한데 어느 날인가부터, 새로 온 상사가 유진 씨를 마뜩잖게 여기기 시작했다고 했습니다.

의사소통에 문제가 있었던 걸까요? 유진 씨는 자신이 상사의 기준을 맞추면 될 거라 생각하고 열심히 했습니다. 혹시 뭘 잘못해서 그런지, 뭐가 마음에 안 드는지 살피려 애쓰고, 기대에 부응하려 애쓰고, 살갑게 커피 한잔 사다 드리기도 하면서요. 하지만 상사에게 무시당하니 팀원들도 점점 유진 씨를 무시했고, 언젠가부터 점점 유진 씨에게 일이 밀리기 시작했다고 했습니다. 유진 씨는 거절하기가 어려웠고, 에이, 아쉬운 소리 하느니 내가 하자. 하다 보니 야근을 하게 될 때도 종종 있었다고요.

그러던 어느 날, 몇날 며칠 야근해 가며 만든 보고서를 상사에게 제출한 날이었다고 했습니다. 상사가 전날 무슨 일이 있었는지, 평소보다 훨씬 더 심하게 유진 씨를 혼냈다고 하더군요. 정확히 뭐가 잘못됐는지 알려 주지도 않은 채, 밑도 끝도 없이 지적만 하더니 급기야 개인적인 비난으로 이어졌습니다. 네 나이에 이런 일이나 하고 있는 게 부끄럽지도 않냐, 네 또래들은 벌써 과장 팀장 달고 있는데 보고서를 이 따위로 쓰니 진급도 못 하는 게 아니냐… 그런 이야기들을 서서 거의 30분을 들었다더군요. 이야기를 듣는 동안 가슴이 홧홧하고, 눈물이 울컥 솟아오르며 내가 뭘 그렇게 잘못했지. 하는 생각이 들다가… 어느 순간부터는 분하지도 않고 고요하게 가라앉았다고 했습니다. '아, 나는 쓸모가 없는 사람인가 보다. 열심히 해도 안 되는 사람인가 봐.' 하는 생각이 들었다고 했어요. 그러고는 잠시 커피를 한잔 가지고 옥상에 올라갔는데, 나는 일을 해서 뭐 하지? 아무한테도 도움 안 되고 쓸모없다는 말만 듣고. 그냥 여기서 뛰어내릴까? 그럼 모두가 편해지겠다. 그런 생각이 들었다고 하더군요. 다음 순간 스스로도 깜짝 놀라, 눈물이 마구 솟았다고요. 그리고 바로 센터를 찾아왔다고 했습니다.

그리 말씀하시면서 손이 미약하게 떨리는데, 유진 씨가 옥상에서 아래를 내려다보던 그 순간이, 지금까지 버텨 온 시간의 무게가 한순간 어깨 위로 내려앉는 것 같았습니다. 얼마나 오래, 열심히 버텨 왔을까요.

으레 정작 못된 사람들은 상담을 가지 않고, 못된 사람들에게 상처를 받은 사람들이 상담에 온다는 이야기가 있지요. 이야기를 여기 와서 털어놓기까지 얼마나 오래 참고 참았을까, 얼마나 긴 고민의 시간이었을까 생각합니다.

어린 시절부터 이어져 온 단서

어린아이일 때를 생각해 보면 우리는 해맑고 솔직합니다. 아이였다면 우리는 금방 도움을 청하거나, 아프다고, 힘들다고 표현했겠지요. 괜찮은 척을 하거나 상처받지 않은 척을 하는 건 하기에는 다소 어른스러운 반응입니다. 자신이 하고 싶은 것을 내리누르다, 참다 참다, 결국 무기력해지면서 찾아오는 마음의 변화를, 구태여 이름 붙이자면 '우울증'이라 부르곤 합니다. 흔히 표현하듯 마음의 감기라고 하기에는 굉장히 무거운 감정입니다. 마음이 거절당하고 거절당한 끝에 결국 입을 닫아 버리는, 아무것도 원하는 게 없어진 아이처럼요.

그렇게 억눌려 온 상처들이 어떻게 벼랑까지 내몰았는지를 알기 위해서는 중요한 과정이 먼저 필요합니다.

유진 씨에게 찬찬히 이야기를 건넸습니다. "우리는 이제부터 나를 사랑하고 치유하는 방법에 대해 제대로 배울 거예요. 그러자면 먼저 준비해야 하는 게 있어요."라고요. 그리고 종이와 펜을 함께 드리며 말했습니다.

"아주 어린 시절부터 '힘들었던 모든 일'을 정리해 보세요."

얼마간 시간이 지나고, 유진 씨가 정리한 과제는 다음과 같았습니다.

힘들었던 일 리스트 - 서유진(30대 중반 여자, 직장인)

1. 어릴 때, 아버지가 술 마시고 들어와서 갑자기 자신을 때렸던 일

2. 학교에서 친구가 잘못해서 싸웠는데, 어머니가 와서 오히려 남의 편을 들었던 일

3. 성적이 크게 떨어졌는데 선생님이 모두 앞에서 공표해서 수치스러웠던 일

4. 대학교에 떨어졌을 때 아버지가 "네가 그럼 그렇지." 하면서 무시했던 일

5. 알바를 처음 갔는데, 사장이 너처럼 일 못하는 애 처음 본다면서 차별하고 막말했던 일.

6. … (생략)

종이에는 유진 씨가 겪어 왔던 아픔과 상처들이 빼곡하게 채워져 있었습니다. 이 종이들을 마주할 때마다 저는 빠짐없이 매번 참담한 심정이 됩니다.

힘들었던 문제들을 되짚어 보면 대부분 어린 시절의 가정환경에 원인이 있습니다. 어릴 때 받은 상처들이 치유되지 않은 채 성장해 나가는 동안 다른 쪽으로 증상이 발현되거나 두드러지게 되고, 그것

이 수면 위로 톡 튀어나올 때가 되면 구체적인 문제 양상이 되는 것이지요.

마음이 고장 났다는 신호

대부분의 내담자들은 지금의 문제를 해결하면 된다고 생각합니다. 잘 지냈는데, 그럭저럭 살 만했는데 갑자기 문제가 생겼다고 생각하는 경우도 많지요. 하지만 사실 현재 드러난 문제는 거대한 빙산의 일각에 불과합니다. 빙산이 커지고 커져서 마침내 수면 위로 일부가 드러나게 되었을 뿐이지요.

대부분의 사람들은 과거의 기억과 감정은 과거일 뿐이라고 생각합니다. 하지만 뇌의 감정 기관인 편도체는 감정에 시간 개념을 부여하지 않습니다. 즉, '자라 보고 놀란 가슴이 솥뚜껑 보고 놀란'다면 그것은 그저 생생하게 살아 있는 지금의 감정인 것이죠. 그렇게 과거로 치부해 온 감정의 덩어리들은 어느 순간 커다란 눈덩이가 되고, 결국 현재의 나를 짓누르게 되는 겁니다.

모든 문제는 사실 근원적인 감정과 연결되어 있습니다. 어린 시절에 아버지에게 무시당했던 기억이 커서도 계속 남아 있어 회사에서 자꾸만 주눅들고 영업에 매번 실패하는 남자분, 어머니에게 받았던 무거운 부담감과 잘해야 한다는 마음이 해소되지 않은 채 어른이 되어 중요한 발표 때마다 실수하는 여자분, 부모님께 버림받을 뻔했던 기억이 끈질기게 발목을 잡아 결혼을 했음에도 계속 남편을 의심하게 되는 여자분 등, 많은 분들의 사례가 그러합니다.

어릴 때의 상처로 인해 이후의 삶에서도 원하는 것이 계속 부정당하고, 지지 기반이 없다고 느껴지게 되는 겁니다. 이것이 지속되면 사람은 우울해지고 불안해지고, 자연히 집중력이 산만해지며 심지어 몸이 아프게 되는 것입니다.

원리를 설명하고 이야기들을 순차적으로 털어놓게 도와드리자, 내담자의 말 속에는 점점 자신도 몰랐던 마음이 담기기 시작했습니다. 자신이 얼마나 힘들었는지, 가슴이 아팠는지, 답답하고 우울했는지. 말이란 참으로 신기하지요. 뽑아내면 뽑아낼수록 수박 줄기처럼 이어집니다.

그러다 보면 어느 순간, 탄식이 터져 나옵니다. 아, 내가 참 힘들게 살았구나. 내가 참 가엾구나. 드디어 그동안 모른 척해 왔던 자신의 힘듦을 조금이나마 마주하게 되는 순간입니다.

이 과정을 거치면, 그동안 내담자의 인지와 이성의 벽 아래 똘똘 감춰져 있던 과거의 상처들이 어느 정도 모습을 드러냅니다. 이때부터가 자신의 마음과 공명할 준비, 예열이 되는 것입니다.

자, 여기까지 이야기를 들은 여러분은 무슨 생각이 드시나요? 이제, 질문의 대상을 바꿔 보겠습니다.

여러분은 어린 시절부터 지금까지 어떤 힘든 일이 있었나요?

기억나는 대로, 순차적으로 정리해 봅시다. 많아도 괜찮습니다. 떠오르는 모든 일들을 적어 봅시다. 정리해 가면서 점점 더 어떤 마음이 올라올 것입니다. 어떤 마음이 드시나요? 내가 그랬구나, 하며 눈물이 차오를지도 모르겠습니다. 아니면 음, 그땐 그랬지. 이제는 시간이 많이 지나서 아무렇지 않지만. 하고 덤덤하게 넘어가실지도 모릅니다.

이성이 강하고 자신을 강하게 억눌러 왔을수록 자신의 이야기를 타인처럼 이야기하는 경우가 많습니다. 자신이 살아온 이야기, 힘든 일을 1인칭으로 이야기하느냐, 3인칭으로 조망하느냐가 곧 감정을 억눌러 놓은 척도입니다. 이런 반응을 보고 자신의 마음을 얼마나 억누르고 살아왔는지를 알 수 있지요. 하지만 어느 쪽이든 걱정하지 않으셔도 됩니다. 반드시 방법이 있으니까요.

그럼 함께 다음 페이지로 넘어가 보실까요?

힘들었던 일 리스트

_____

_____

_____

_____

_____

_____

_____

_____

_____

_____

_____

_____

_____

_____

_____

_____

공감을 넘어서 공명으로

유진 씨는, 이번 일이 있기 전부터도 오랜 시간 우울증을 앓아 왔다고 했습니다. 약을 먹어 보고 심리상담도 받았지만 모두 그때뿐이었다고 하더군요. 그 지친 기색, 낮게 가라앉은 말투와 표정에서 그간의 고통이 고스란히 느껴졌습니다. 여기저기를 전전했지만 우울증 증상이 사라지지 않았고, 뭐가 힘든지 왜 우울한지 알 수 없다고도 했지요.

제가 공감에 대해 설명을 했더니 자신도 안다고 하더군요. 그러면서 하는 말씀이 '상대의 얘기를 듣고 "그랬구나.", "힘들었구나.", "네 마음을 알겠어." 등의 표현을 하는 것'이라고 하더군요. 아마도 다른 곳에서 비슷한 이야기들을 들었던 것일지 모르겠습니다.

사실 이분이 해 온 것은 '이해'입니다. 감정을 아는 것은 이해이고,

진짜 공감과는 다릅니다. 진짜 공감은 상대의 마음과 내 마음이 서로 진동하고 공명하는 것입니다.

인지로 생각하고 이해하는 영역에서는 자칫 상황 판단을 우선하면서 마음아이를 등한시하기 쉬워집니다. 잠깐만 참으라거나 지금은 조용해야 한다, 감정을 드러내면 안 된다, 싫은 걸 참아야 한다는 식으로 흐르기가 쉽지요. 이것이 이해의 한계입니다. 즉, 심적으로 거리감이 있는 상태인 거지요.

진정한 공감, 공명을 하게 되면 마음아이의 마음이 곧 내 마음이 되기 때문에 자연스레 우선순위가 바깥이 아닌 안쪽이 됩니다. 내 마음을 먼저 챙기게 됩니다.

⌐ 자기 공명: 진정한 공감의 3단계

여러분이 다른 사람에게 공감할 때를 떠올려 보세요. 조금 더 쉽게 이해가 가실 겁니다.

적당히 친한 사이에 공감할 때 여러분은 어떻게 하시나요? 아, 많이 힘들었겠다. 상대가 나쁜 사람이네. 그냥 때려 치워 버려. 오늘 하루 술 마시고 진탕 놀자. 이것이 아마 대다수의 분들이 생각하시는 공감일 겁니다.

조금 더 가 보겠습니다. 가족의 일이나 배우자, 연인의 일이 되면 어떠신가요? 좀 더 감정에 이입이 됩니다. 좀 더 많이 화가 나고, 좀 더 자신의 일로 느껴지고, 어떨 때는 대신 해결해 주고 싶어집니다. 상대가 속상하지 않았으면, 마음이 풀렸으면 하게 됩니다.

하지만 만약 슬프고 화나는 일을 당한 것이 나 자신이라면 어떨까요? 회사에서 부당하게 이용당하고 여론 몰이를 해서 자신의 잘못이 아닌 것을 뒤집어썼다면요? 그랬구나, 힘들었구나, 하는 말이 더 이상 나오지 않습니다. 그저 억울해서 눈물이 나고, 화가 나고, 사람들을 붙들고 소리 치고 싶고, 내가 뭘 잘못했어! 나는 일을 열심히 한 죄밖에 없는데! 하고 절규하고 싶을 겁니다. 발 벗고 나서서 문제를 해결해야겠다. 내가 나를 지켜야겠다. 하고 움직이게 되실 겁니다. 이 단계까지 오면, 그것이 진정한 공명이 됩니다. '감정을 온전히 이입'하는 거지요.

어린 나의 상처를 남의 일로 보지 않고, 가까운 이의 일로 여기지도 않고, 그저 내 일과 똑같은 무게, 똑같은 마음이 되어 내가 당장 발 벗고 이 아이를 감싸지 않고서는 참을 수 없는 것. 이 아이의 마음에 내가 똑같이 눈물이 나고 목놓아 통곡하게 되는 것. 이것이 진정한 의미의 공감, 마음에의 '공명'입니다.

자기 공명의 단계

- **1단계:** 네가 그랬구나. (3인칭, 남 일)
- **2단계:** 아, 너무 가엾다. 마음 아프다. (2인칭, 가까운 사람)
- **3단계:** 어떡하지? 당장 뭘 해 줘야 하지? 어떻게 해야 괜찮아지지? (그 냥 내 일, 내 마음이 된다. 1인칭, 나 자체)

진정한 공명이 왜 중요할까요? 사실 내게 뭐가 필요했는지, 무엇이 가장 상처였고, 그걸 메우기 위해 뭘 해 주면 좋을지 가장 잘 아는 존재가 바로 그 마음아이이기 때문입니다.

우리가 상대를 위한다고는 해도, 상대가 원하는 것을 100% 정확하게 알기는 힘들지요? 내 딴에는 맛있는 것도 사 주고, 옆에 있어 주고, 들어 주고, 도와주고 했지만 그래도 상대가 원하는 것에 완전히 들어맞지 않는 경우, 눈치 보게 되거나 그게 지속되면 내 마음까지 다소 힘들어지는 경험은 아마 모두에게 있었을 겁니다. 어디까지나 상대의 마음이고 내 마음은 아니니까요.

하지만 당장 내가 뭘 하고 싶은지, 맛있는 걸 먹고 싶은데 그게 비싼 레스토랑을 가고 싶은 건지, 그냥 매운 떡볶이 같은 걸 먹고 싶은 건지는 나밖에 모르지 않겠습니까? 혹은 매운 떡볶이를 먹어도 그게 어느 브랜드 떡볶이인지, 그냥 매운 맛인지 달콤하고 매운 맛인지는 내가 가장 정확하게 알지 않겠습니까.

이것은 어디까지나 비유이지만, 마음의 상처는 맛있는 걸 먹는 문제보다도 깊고 섬세해서, 이것을 진정 알아야 그때부터 정말로 원하는 것을 정확하게 줄 수 있게 됩니다. 내 마음아이의 상태를 '제대로' 아는 것이 가장 중요한 첫 시작입니다. 이것이 진정한 공감, 공명을 강조하는 이유입니다.

이 이야기를 해 드렸더니, 유진 씨는 처음에는 잘 모르겠다고 했습니다. 하지만 그분이 애지중지 키우는 강아지가 있었습니다. 강아지가 슬프거나 낑낑거리면, 덜컥 걱정되고 얼른 뭐라도 해 주고 싶어지지 않으냐 물었지요. "맞아요, 마음이 다급해져요. 안쓰럽고 뭐라도 해 주고 싶어져요."라고 하더군요. 바로 그 마음이라 말씀드리니, 아, 하고 탄식을 하더군요.

처음이 어렵다면, 내가 정말 귀하고 소중하게 여기는 대상을 떠올려 보세요. 그리고 그 대상이 힘들 때 내가 어떤지, 어떻게 해 주고 싶은지를 생각해 보면 한결 쉬워질 겁니다. 간단합니다. 그 대상이 그저 '어린 나', '상처받은 나'라고 생각하면 됩니다.

마음 알아차림과의 다른 점

이 지점에서 많은 분들이 마음 알아채기에 대한 이야기를 하곤 합니다. 자신의 감정을 억누르지 않는 것, 회피하지 않고 알아채는 것, 받아들이고 수용하는 공부에 대한 이야기입니다. 결론부터 말씀드리자면 마음을 알아채는 것이 당연히 도움이 됩니다. 마음이 조금이라도 좋아질 수 있다면, 무엇이든 도움이 되는 것을 마다할 이유가 없습니다. 다만 우리는 여기서 한 발짝만 더 나아갔으면 좋겠습니다.

예를 들어 보겠습니다. 내가 한 아이의 아빠, 혹은 엄마라고 생각해 봅시다. 내가 책임져야 할 나를 똑 닮은 아이 혹은 내가 너무나 사랑하는 연인이나 배우자, 그도 아니라면 너무나 좋아하는 연예인과 닮은 아이가 있다고 생각해 봅시다.

이 아이가 속상한 일이 있었다고 합니다. 갑자기 달려와서 "엄마, 친구가 나를 욕했어. 나 너무너무 슬퍼. 어떡해야 해?"라고 눈물이 그렁그렁하여 물어보는 걸 떠올려 봅시다. 어떤 마음이 드시나요?

덜컥, 걱정이 들지 않습니까? 아이가 어떤 큰일이라도 겪었을까봐, 상처라도 받았을까 봐. 얼른 안아 주고 토닥토닥하면서 '왜 그래, 친구가 뭐라고 했는데?'라고 하고픈 마음, 나아가 '어느 녀석이 그랬어? 엄마가 아주 혼내 줄까 보다!' 하는 마음까지 들지 않으셨나요.

여기서 여러분이 만약, '응, 그래. 그런 일이 있었니? 알았어.'라고 하고 가만히 있는다면 아이는 어떨까요? 일단 엄마가 알아줬으니 처음에는 살짝 누그러질지 모르지만, 곧 '왜 엄마가, 아무것도 안 해 주지…?'라는 마음이 들지 않겠습니까. '엄마, 나 어떡해?' 하고 물어보는데, '일단 엄마가 알았으니까 가만히 있어 봐. 기다려 봐. 조금 지나면 괜찮아질 거야.'라고 하면 아이는 서운하고, 섭섭하고, 엄마가 나를 알아주지 않는다는 마음이 들지 않겠습니까. 세상 유일한 내 편이어야 할 사람이, 나를 지켜줘야 할 사람이 그렇게 해 주지 않는다고 느껴질 거예요. 그런 반응을 계속 돌려받게 되면 '엄마는 날 도와주지 않는구나. 난 혼자 알아서 잘 해내야 하는구나.'라고 생각하는 아이가 될지 모릅니다. 그 모습이 지금의 우리와 닮아 있지는 않나요.

우리는 우리의 마음아이에게만은, 절대적인 보호자이자 지지자가 되어 주어야 합니다. 지금까지 모르고 살아왔던 마음을 알아채고 수용한 것만으로도 너무나 잘한 일이고, 분명 효과도 있었을 거예요. 하지만 궁극적으로 마음아이를 위해서 조금만 더, 이미 연습은 충분히 하셨으니 한 발만 더 나아갔으면 합니다. '엄마가 도와줄게. 뭐가 힘들었어?' 하고 자신의 마음아이에게 진심을 건넬 수 있게 되는 것, 이것이 우리가 이후로 해 나갈 '마음아이 공명'의 핵심입니다.

마음속 아이를 찾는 감정지도 그리기

조금쯤 내 마음아이가 얼마나 힘들었을지 짐작이 되셨나요? 처음부터 구체적으로 알기는 조금 어려우실 겁니다. 한 번도 제대로 마주한 적이 없으니 막막하기도 하실 거예요.

우리는 흔히 힘들고 스트레스를 받는 상황에 '우울해', '힘들어', '하기 싫어', '짜증 나' 같은 표현을 쓰지요. 아마 마음아이가 힘들었던 일들에 대해서도, 슬펐구나. 그때 너무 힘들었지. 때려 치우고 싶었던 것 같아. 하는 정도의 느낌을 받으셨을지 모르겠습니다.

사실 우리의 감정은 훨씬 더 다양하고 폭이 깊습니다. 짜증 난다는 한마디에도 대단히 넓은 범위와 깊이가 있지요. 마치 모든 색의 채도와 명도를 다 담은 듯한 무지개의 스펙트럼처럼요.

어쩌면 짜증 난다는 그 한마디에는, '오늘따라 날씨가 흐려서 더 가라앉았어. 중간에 버스를 놓쳐서 가는 내내 초조했었어. 그런 상황에서 상사에게 잔소리까지 들으니 자존감이 더 깎였어. 엄마한테 전화 와서 이것저것 물어보고 보채니까 마치 캐묻는 것 같아서 더 짜증나고 화가 났던 것 같아.' 하는 다양한 감정들이 얽혀 있을 겁니다.

이런 것들을 자세히 들여다볼수록 자신의 감정을, 마음아이가 어떤지를 빠르게 알아챌 수 있게 됩니다. 이는 우리의 치유의 여정에 굉장히 중요한 역할을 하지요. 그래서 아직 안개 속처럼 명확하게 보이지 않는 분들에게는 감정표가 대단히 중요한 이정표가 되곤 합니다. 마음아이를 수월하게 찾아가기 위한 가이드로, 감정표를 가져와 보겠습니다.

스트레스 감정표

•분노
화난, 싫은, 짜증 나는, 미워하는, 심통 나는, 샘나는, 질투 나는, 지겨운, 귀찮은, 답답한, 속상한, 좌절한, 괴로운, 억울한, 신경질 나는, 분한, 열받는, 곤두선, 질투하는, 약 오르는, 욱하는, 충격적인, 상처받은, 섭섭한, 비참한, 변덕스러운

•슬픔
슬픈, 눈물 나는, 미안한, 마음 아픈, 불쌍한, 재미없는, 지루한, 딱

딱한, 의욕 없는, 무관심한, 시큰둥한, 위축된, 의기소침한, 외로운, 막막한, 기운이 없는, 피곤한, 걱정되는, 고민되는, 후회되는, 실망스러운, 조심스러운, 안타까운, 싸늘한, 허탈한, 우울한, 울적한, 서러운, 안절부절못하는

• 공포

무서운, 두려운, 공포스러운, 불안한, 떨리는, 겁나는, 진땀 나는, 조마조마한, 초조한, 다리가 후들거리는, 굳어 버린, 긴장된, 주눅 드는, 소름 끼치는, 오싹한, 괴로운, 고통스러운

• 수치

부끄러운, 쑥스러운, 창피한, 수치스러운, 민망한, 어색한, 자신 없는, 어려운, 당황스러운, 혼란스러운, 당혹스러운, 위축된, 죄스러운, 난감한, 낭패스러운, 부담되는, 찝찝한

어느 정도 자신의 마음아이를 찾아낸 유진 씨에게 감정표를 드리고, 힘들었던 일을 떠올리며 체크해 보라고 했습니다. 유진 씨는 회사에서 무시를 받을 때면 가끔 대입 시절의 일이 생각났다고 하더군요.

어디를 가도 넌 그것밖에 못 할 거라는 말처럼 들렸어요. 그리 이야기하면서, 유진 씨는 그 일에 대한 감정들을 체크해 나갔습니다.

4. 대학교에 떨어졌을 때 아버지가 "네가 그럼 그렇지." 하면서 무시
   했던 일

   _____

   분한, 비참한, 주눅 드는, 창피한, 수치스러운, 자신 없는, 위축된,
   부담되는

하나하나 감정을 짚어 나가기까지 얼마나 걸렸을까요. 마지막 감정까지 체크한 유진 씨는 선생님, 잠시만요. 하고 멈추더니, 종이를 자세히 들여다보았습니다. 눈가에 점점 물기가 맺히더니 이윽고 종이 위로 툭, 떨어졌습니다. 내가 그랬구나. 그랬었구나. 하면서 유진 씨가 말을 이었습니다.

"이렇게 정리해 보니까, 그때의 기분이 뭐였는지 또렷해졌어요. 화가 나거나 짜증 나는 것보다는 부끄럽고 비참했었어요. 그렇잖아도 힘든데 내 편이어야 할 아버지가 나를 무시하는 것이 비참했고, 열심히 했는데 알아주지 않는 게 분했고, 내가 모자라게 느껴져서 주눅들고, 키우는 보람 없는 자식인 것 같아서 위축됐어요. 아버지 기대에 부응해야만 할 것 같아서 부담됐고요…" 그리 말하던 유진 씨는 잠시 눈물을 훔치고는 "신기하네요. 감정표를 체크하는 것만으로도

훨씬 선명해졌어요. 내 감정을 잘 알게 된 것만으로도 위로가 되네요."라고 이야기했습니다.

다행한 일이었습니다. 좀 더 와닿는다고 느낀 것만으로도 이 감정표는 할 일을 다 했으니까요.

자, 그럼 이번엔 책을 읽고 있는 여러분의 차례입니다.

지금 당장 떠오르는 힘든 일을 생각해 봅시다. '힘들었던 일 리스트'에 적은 일도 좋고, 최근에 있던 사건, 혹은 오늘 당장 일어났던 불쾌한 경험도 좋습니다. 가급적 나에게 깊이 영향을 끼친 일을 떠올려 보면 좀 더 수월할 수 있지만, 너무 부담스럽다면 비교적 가벼운 일을 가지고 오셔도 괜찮습니다. 그때의 기분을 떠올리면서 정확히 어떤 기분이었는지 하나하나 체크해 봅시다.

책에 직접 체크하기가 부담된다면, 사진으로 찍어서 체크해 보아도 좋습니다. 혹은 찍은 것을 프린트해서 사용하는 것도 좋은 방법이겠지요. 그냥 당장 해 보고 싶다면 잘 지워지는 연필을 쓰는 것도 좋겠습니다. 하단의 안내에서 감정표를 받아 보실 수 있게 준비해 둘 테니, 필요하신 분들은 받아서 쓰시면 됩니다.

마음지도 감정표 다운로드

체크해 보셨나요? 생각보다 다채로운 감정들이 안에 있어서 놀라지 않으셨습니까? 이제 막연한 안개 속처럼 보이던 풍경이 조금 더 선명해졌을 겁니다. 풍경이 선명하게 보일수록 마음아이에게 공명하기가 수월해지고, 치유의 여정도 명료해집니다. 마음을 알면, 어떻게 위로를 해 줘야 할지, 무슨 말을 전하면 좋을지도 더욱 선명해지니까요.

한층 또렷해진 마음의 지도를 들고서 나의 마음아이를 만나기 위한 여정을 한 발 더 내디뎌 봅시다.

둘 다 '나'라서 마음아이를 찾기가 어려워요

여기까지 공명과 마음아이에 대해서 자세히 풀어 보았습니다만, 그럼에도 어려워하는 분들이 계실 겁니다. 그런 경우에는 주로 다음 같은 생각이 장벽이 되어 마음아이에게 가는 길을 가로막곤 합니다.

"공감을 하려면 나와 상대가 있어야 하잖아요. 지금의 나도 나고 과거의 나도 나인데, 둘을 어떻게 구분할지 모르겠어요."

이럴 때는 '지금의 나'를 다른 존재로 바꿔 보는 방법이 있습니다. 그렇게 함으로써 '과거의 나'와 '지금의 나'를 둘로 나눌 수 있게 되는 거지요. 자연스럽게 마음아이의 힘듦과 고통을 다른 이의 시선에서 바라볼 수 있게 만들어 줍니다.

공감이 잘 안 될 때, 두 가지 방법

다음의 예시를 봅시다.

1. 지금의 내가 신이라고 생각해 봅시다. 전지전능해서 모든 걸 다 할 수 있다면. 과거의 힘들었던 어린 나(마음아이)에게 뭘 해 주고 싶은가요?
2. 힘들었던 나(마음아이)의 당시 상황으로 가서 학교 혹은 집의 주변인이 되었다고 생각해 봅시다. 이웃집 어른이나 또래, 학교 친구가 되었다고 생각해 보는 거예요. 그 상태에서 과거의 힘들었던 나(마음아이)를 바라봅시다.

1번은 말 그대로 '지금의 내가' 신이 되었다고 생각해 보는 겁니다. 뭐든지 할 수 있는 존재가 되어서, 못 할 일이 없다고 생각해 보는 겁니다.

우리는 살아오면서 숱하게 많은 상처와 후회를 마주하지 않습니까. 모두 자신의 과거에 돌이켜 주고 싶은 일들이 있지 않습니까. 이때 너무 힘들었지. 마음이 너무 불안해서, 시험에 떨어졌을 때는 세상이 끝난 것 같았어. 부모님이 이혼했을 때는 꼭 버림받은 것 같은 기분이었지. 마치 나는 중요하지 않은 존재인 것 같았어. 하는 순간들이 모두에게 있을 겁니다.

만약 내가 전지전능한 신이 되어서 과거에 개입할 수 있다면, 뭘 해 주고 싶은가요?

그 상황이 닥치기 전에 막아 주고 싶지 않습니까? 너무 크게 다치기 전에, 사람을 믿지 못하게 되기 전에, 몇 날 며칠을 엉엉 울게 되기 전에요. 나쁜 남자를 만났다면 신의 힘으로 나쁜놈을 혼내 주고, 그때의 나에게 얼씬도 못 하게 하고 싶지 않으십니까? 부모님이 이혼하지 못하게 상황을 바꾸고, 아니면 엄벌을 내려 어린 나에게 사과하게 만들고 싶지 않으신가요? 상황을 그때의 나에게 좋게 바꿔 줘서, 시험에도 통과하고 기왕이면 내친 김에 전교 1등이 되게 도와주고 싶지 않습니까?

아마 모두가 살면서 몇 번씩 해 본 생각이었을 겁니다. 그때 그렇게 할걸. 나 자신에게 그렇게 해 줄걸. 네, 바로 그 마음입니다. 그 마음으로 마음아이를 봐주면 됩니다. 그 마음으로, 마음아이가 원하는 것을 해 주겠다고 결심하면 됩니다.

자, 그럼 다시 이전의 직장인 유진 씨의 상황을 들어 보겠습니다.

여러분은 유진 씨의 직장 동료입니다. 맨날 정치질하고 부하 직원 성과를 가로채는 부장이 오늘도 유진 씨를 자리로 불렀습니다. 그러면서 아무리 여러 번 설명을 해도 못 알아먹냐며 호통을 칩니다. 사실 그 실수는 다른 직원이 업무 태만해서 일어난 일인 걸 모두가 알고 있는데도요. 실수를 한 사람은 부장의 라인이었고, 그들은 자연스레 유진 씨에게 잘못을 덮어씌웠습니다.

게다가 어제도 유진 씨는 밤 늦게까지 일하다가 퇴근했습니다. 당신이 8시에 들어갈 때 유진 씨는 두세 시간 더 해야 한다고 했거든요.

부장과 그 라인의 부하 직원들은 담배를 피우면서 유진 씨의 이야기를 합니다. 그러며 얼굴만 좀 더 반반하면 그냥 시집이나 가면 될텐데, 쓸데없이 자꾸 열심히 하려고 해. 하고 떠드는 걸 들었습니다. 그런데 고개를 돌려 보니 유진 씨가 모퉁이에서 그걸 듣고 있었어요. 유진 씨는 얼굴이 사색이 되더니, 황급히 고개를 돌리고 자리를 떴습니다.

어떤 생각이 드시나요? 여러분은 유진 씨가 누군지도 모르고 본 적도 없지만, 유진 씨의 편을 들고 싶을 겁니다. 위로해 주고 싶을 겁니다. 당신이 잘못한 게 아니에요. 그 사람이 나쁜 거예요. 당신은 충분히 열심히 했잖아요, 라고. 지금은 힘들지만 분명이 잘될 때가 올 거라고, 그렇게 이야기해 주고 싶지 않으십니까. 아마 모두가 같은 마음일 겁니다. 네, 바로 그 마음이면 됩니다.

이제 위의 방법을 가져와 볼까요? 두 가지로 접근할 수 있겠습니다.

1. 내가 신이라면, 유진 씨를 괴롭히는 상사를 혼내 줄 거야. 큰일이 생겨서 회사에 나오지 못하게 만들어 줄 거야.
2. 내가 직장 동료라면, 유진 씨를 위로해 줄 거야. 당신이 노력하고 있는 걸 나만은 안다고 말해 주고 싶어. 부당한 요구는 거절해도 된다고 응원해 줄 거야.

그런 생각이 드는 건 유진 씨가 특별하고 잘난 사람이서가 아니지요. 그저 당연히 받아야 하는 대우를, 사랑을, 위로를, 당연히 줘야 한다고 느끼는 마음일 겁니다.

여러분의 마음아이도 똑같습니다. 유진 씨에게 해 주고 싶은 마음처럼, 여러분의 마음아이에게도 똑같이 해 주면 됩니다. 심지어 유진 씨는 여러분에게 잠깐 읽히고 지나갈 사람이지만, 여러분의 마음아이는 훨씬 가까이 있는, 훨씬 귀하고 소중한 아이가 아닌가요. 당연히 사랑받고 존중받고 위로받아야 합니다. 그럴 자격이 있습니다.

그럼 이제, 이전에 적었던 '힘들었던 일 리스트'를 다시 가져와 봅시다.

그걸 보면서, 그 상황에 내가 신이었다면 어떻게 해 줬을지. 혹은 주변 사람이었다면 어떻게 해 줬을지 구체적으로 상상해 봅시다.

어떻습니까? 그 시간 속으로 들어가, 사건을 바꿔 주고 싶을지도 모르겠습니다. 그 일이 있기 전에 나타나서 마법처럼 피해 갈 수 있게 도와주고 싶진 않으신가요? 아니면 아이의 꿈속에 나타나, 괜찮아, 조금만 더 버티면 괜찮아질 거야, 괜찮아, 하고 토닥이고 싶어졌을지도 모릅니다. 그때 이런 사람이 있어 줬으면 좋았을 텐데, 내가 해 주고 싶어. 그런 생각이 들었다면 더할 나위가 없겠습니다.

이제 더는 그 마음아이가 멀게 느껴지거나 와닿지 않거나 하지 않으실 거예요. 좀 더 선명하게, 그 아이가 어떤 아이였는지, 얼마나 슬프고 힘들고 외로웠을지 들여다보이실 겁니다. 어쩌면 이리 힘들게 버텨 왔을까, 안쓰럽고 안타까우실 겁니다.

그거면 됐습니다. 고생 많으셨습니다. 이제 첫 단추가 끼워졌습니다.

공명을 한 번이라도 성공하고 나면, 거기서 받는 영향과 마음의 움직임이 파고가 크고 심상치 않다는 것을 온몸으로 체감하게 됩니다. 처음으로 사랑과 위로, 따뜻함을 느껴 봤으니까요. '누군가 내 편이 되어 준다'는 걸 처음 느꼈을 테니까요. 처음 공명을 한 대다수의 분들이 그렇게 이야기를 합니다. 저도 모르게 이전보다 반응이 부드러워지고, 유해지고, 여유가 생겼다고요.

단 한 번의 공명으로도 그런 효과가 있기 때문에, 마음아이에게 제대로 닿은 이후에는 실제와 상상의 무게가 다르지 않다는 말을 온몸으로 체감하게 됩니다. 다만 여기에 처음 닿기까지가 조금 어려울 수 있는 거지요. 수십 년 떨어져 지낸 가족을 만났을 때 무슨 말부터 해야 할지 모르겠는 것처럼. 너무나 오래 그렇게 자신을 보살피지 않고 살아왔기 때문에요.

혹시나 잘 안 되셨더라도, 책을 끝까지 읽거나 중반까지 읽다가 다시 돌아오더라도 괜찮으니 꼭 마음아이의 손을 잡아주러 오세요. 세상에서 오로지 당신만을 기다리고 있는 아이니까요.

자, 여기까지가 공명을 통한 치유의 준비 단계입니다. 사실 우리가 함께 갈 치유의 여정은, 뇌가 인지하는 방식을 기반으로 이루어져 있어요. 감정적인 공감만을 이야기하는 것이 아닌, 뇌가 받아들이는 방식을 토대로 단계별로 이루어져 있습니다. 그리하여 여정의 끝에 다다랐을 때, 나도 모르게 많은 게 바뀌어 있을 거예요.

어떤 원리인지 궁금하시지요? 어떻게 이 여정을 통과한 많은 분들이 '전에 힘들었던 게 잘 기억이 나지 않을 정도예요.'라고 이야기하는지 말이에요.

이제 우리가 어떤 원리로 자신을 치유할 수 있을지 뇌인지적인 방법을 알아보겠습니다.

2회기:
뇌가 인지하는
마음 해소법

거울 속 마음아이가 원하는 말

우리는 앞에서 내 내면의 마음아이를 발견하고, 깊게 공명하는 연습을 했습니다. 공명은 매우 중요하고 또 중요합니다. 아무리 강조해도 지나치지 않을 정도입니다. 여러분이 이후의 여정을 함께 따라가시다 보면 더더욱 이 첫 단추가 왜 중요한지를 많이 느끼게 되시리라 믿습니다.

우리가 진정으로 상대를 위한다면 어떻게 하게 되나요? 상대가 정말 원하는 것을 해 주고 싶어집니다. 내가 주고 싶은 것이 아니라, 상대가 받고 싶어 하는 것을 주고 싶어집니다. 그러자면 뭘 원하는지 잘 들어야 하지요?

마음아이에 대한 공명도 이와 마찬가지이기 때문에, 충분히 공명이 되지 않은 상태에서 다음 장을 넘어가시기보다는, 조금 연습을 하고 아, 이게 공명이구나. 하는 마음이 드실 때. 내가 그랬구나, 가 아닌, 내가 너무너무 아프고 슬펐구나. 어떻게든 해 주고 싶다. 뭘 해 줘야 하지? 하는 마음이 드실 때 읽으시면 더욱 좋겠습니다.

뇌가 인지하는 언어 전달법

치유의 첫 단계는, 공명을 통해서 자신이 원하는 이야기를 듣게 해 주는 일입니다. 이것을 위해 기본적인 공명 방법에 대해 자세히 설명했던 것이지요. 그리고 이번에는, 뇌가 인지하는 방식을 통해서 첫 단계를 디뎌 보겠습니다.

여러분도 익숙하게 들어 보셨을 뇌의 편도체는 생존을 위해 발달한 녀석입니다. 편도체는 오감을 통해 시각, 촉각, 청각, 후각, 미각의 정보를 받아들이고, 그 받아들인 정보를 통해 '감정'이라는 느낌을 받게 되지요. 이때 편도체에 들어오는 오감 중에, 시각은 90%, 촉각은 9%, 청각은 0.9%, 후각과 미각은 0.1%의 비율을 차지합니다. 즉, 시각적인 자극이 가장 크다는 뜻입니다.

전두엽은 주로 편도체를 통해 들어오는 정보를 처리하는 역할을 합니다만, 쉽게 설명하면 '인식, 생각'이라고 여기면 될 것 같습니다. 아주 간단하게는 편도체가 감정적이라면, 전두엽은 이성적이라고 생각하셔도 크게 틀리지 않습니다.

이 전두엽은 사실 편도체에 들어오는 정보의 0.1%도 인지를 하지 못합니다. 다시 말해 감각정보와 인지정보의 비율은 3000만분의 1의 비율인 거지요. 인식하지 못하는 아주 많은 감각들이 편도체로 흘러들어 간다는 뜻입니다. 이게 바로 무의식의 영역에 입력되는 정보들입니다. 이 편도체에게 어떤 특정 느낌을 주고 싶다면 이렇게 하면 됩니다.

1. 이미지를 보여 준다.
2. 촉감으로 느끼게 해 준다.
3. 소리로 들려준다.

이렇게 하면 그 느낌에 대해 99.9%를 충족하게 됩니다. 간단한 원리지요? 즉, 우리의 마음아이를 위로할 때 이 오감을 활용하면 한결 더 잘 전달이 된다는 뜻입니다.

이제 뇌에 숨겨진 비밀대로 우리의 감정을 풀어 보겠습니다. 준비물은 거울입니다. 시각이 90%를 차지한다고 했었지요. 더불어 느끼고 들리기까지 한다면 더할 나위 없습니다.

우선 거울을 보기 전, 마음아이에게 다시 연결을 해 보겠습니다. 차분히 숨을 고르고, 이전 장에서 배운 것처럼 자신의 마음아이에게 집중해 봅시다. 지금 당장의 힘들었던 일을 떠올려도 좋고, 그와 연관된 마음아이의 힘듦을 찾아보는 것도 좋습니다. 잘 안 된다면, 미리 적어 두었던 리스트를 가지고 와서 그중의 한 가지를 떠올려 보셔도 됩니다. 혹은 어린 시절의 지배적인 감정이 외로움이었다거나, 분노였다거나, 그런 것들을 떠올리셔도 좋습니다. 가급적이면 감정표로 체크한 이후에 하면 더욱 좋습니다. 공명이 잘되도록 지도를 그려주는 역할을 하니까요.

자, 마음아이와 다시 공명해 봅시다. 그때의 마음아이가 어땠다고 하나요? 힘들었다고 하나요? 분하고 억울했다고 하나요? 수치스럽고 도망치고 싶었다고 하나요? 이전 장에 안내했던 1, 2, 3단계를 다시 가져와 보겠습니다. 확인하면서 공명한다면 제대로 마음아이에게 연결이 되는지 느낄 수 있을 겁니다.

공명의 단계

- **1단계:** 네가 그랬구나. (3인칭, 남 일)
- **2단계:** 아, 너무 가엾다. 마음 아프다. (2인칭, 가까운 사람)
- **3단계:** 어떡하지? 당장 뭘 해 줘야 하지? 어떻게 해야 괜찮아지지? (그냥 내 일, 내 마음이 된다. 1인칭, 나 자체)

혹시 3단계까지 가지 못했더라도 괜찮습니다. 그 끈을 잘 쥐고서,

마음아이가 듣고 싶을 만한 이야기들을 건넵니다. 조금 더 마음에 와 닿았나요? 그럼 이제 준비한 거울을 활용해 봅시다.

거울을 앞에 놓고 마주 앉을 겁니다. 거울 속에 있는 자신을 바라보고, 방금 마음아이에게 해 주었던 이야기들을 하나씩 건네 봅시다. 처음엔 떠듬떠듬 나올 겁니다. 해 보지 않은 일이라 어색하고, 괜히 거울을 보는 것이 민망하고, 무슨 이야기를 해야 할지 잘 모르겠는 느낌이 들 수도 있습니다. 괜찮아요, 자연스러운 일입니다.

계속 어색하다면 '지금의 내'가 신이 되었다고 상상했을 때 해 주고 싶었던 일들을 그대로 떠올려 봅시다. 어렵지 않습니다. 그 이야기들을 말로 건네주면 됩니다. 그때 네가 어떠어떠하기를 바랐었지? 그걸 내가 해 주고 싶었어. 지금이라도 해 줄게. 앞으로는 내가 힘들지 않게 해 줄게. 그렇게 말해 주면 됩니다.

팔을 들어 올려서, 어깨를 감싸듯이 자신을 안아 주면 더 좋습니다. 말을 건네면서 손으로 토닥토닥, 다독여 주세요. 청각과 촉각까지 더해지면 우리의 뇌는 이 위로를 더 선명하게 받아들이게 됩니다.

감정이 민감한 분들은 이 단계에서, 자신의 마음아이가 듣고 싶었던 이야기를 감각적으로 잡아채 끄집어 올리시기도 합니다. 혹시 데면데면하시고, 몇 마디 꺼내다가 다시 삼키게 된다면 이런 말들을 먼저 해 볼까요?

내가 나에게 해 주고 싶은 말

1. 그동안 많이 힘들었지? 내가 몰라 줘서 너무 미안해.

2. 너무 오래 버텨 왔지? 아무한테도 말 못 하고 답답했지.

3. 눈치 보여서, 다른 사람 마음 먼저 생각해 주느라 나는 챙기지도 못하고.

4. 사실은 너무너무 힘들었는데. 사실은 너무너무 말하고 싶었는데. 누가 알아줬으면 했는데.

5. 이제 괜찮아, 이제 내가 알았어. 이제 내가 왔어. 너무 늦게 와서 미안해.

6. 이제 내가 도와줄게. 더는 혼자 두지 않을게.

16년 동안 상담을 해 오면서 가장 많은 분들이 처음 거울을 마주하고서 했던 말들입니다. 대부분의 내담자들은 첫 공명에서 어색해하다가도, 거울을 마주하고는 끝내 눈물을 흘립니다. 그것이 얼마나 깊은 곳에서 퍼올린 눈물일까요. 얼마나 듣고 싶었던 이야기였나요. 얼마나 오래 찾아 헤매던 위로였습니까. 그저 온도 없는 글자가 아닌, 적당히 그럴싸한 말이 아닌, 내가 처음으로 자신을 들여다보면서 건네는 진심 어린 공감입니다.

혹시 어색하거나 잘되지 않는다면, 이전에 배운 방법을 최대한 활용해 봅시다. 나에게 신의 힘이 생겨서 무슨 말이든 해 줄 수 있다고 생각해 보세요. 내가 나의 보호자라고 생각해 보세요. 그리고 그 입장에 몰입해서, 한마디, 한마디를 건네주세요.

따라 읽으시다 보면, 그중에서도 유독 더 마음을 건드리는 문장들이 있을 거예요. 그걸 잡고 점점 더 공명해 들어가 봅시다. 조금 어색하고 불편하더라도, 머리로 읊지 말고 감정을 꼭꼭 눌러담아서 말해주세요. 그렇게 감정이 일어나는 것을 자세히 들여다보면서 제대로 닿을 때까지 건네주세요.

사람의 마음은 참 신기하지요. 결국 모두가 바라는 것은 사랑으로 이어집니다. 내가 받고 싶었던 사랑, 받지 못했던 사랑입니다. 내가 마음아이에게 주었어야 했던, 줄 수 있는 사랑입니다. 지금이라도 줄 수 있으니 얼마나 다행인가요. 심지어 내가 직접 줄 수 있다니 또 얼마나 좋은 일입니까.

어쩌면, 공명을 하는 과정은 쉽고 간단하지만은 않을지 모릅니다. 하지만 포기하면 안 됩니다. 세상에 유일한 한 명뿐인 당신이니까요. 당신이 가장 아끼고 누구보다 우선해야 할 당신, 받고 싶은 것을 가장 정확하게 알고 있는 당신, 가장 잘 돕고 보듬을 수 있는 당신이니까요. 그러니 절대 손을 놓지 말고, 포기하지 말고, 닿을 때까지 손을 뻗어 주세요.

손을 단 한 번 잡기만 하면, 제대로 공명되기만 하면 그 순간부터 세상과 삶이 찬란하게 달라지는 걸 보시게 될 겁니다. 할 수 있습니다.

자기 공감의 습관화, 감정일기 쓰기

여기까지 무사히 완수하셨다면 이제 이것이 나에게 정착되도록 할 차례입니다. 마음아이와의 연결이 끊어지지 않고 계속 보듬어 줄 수 있도록, 지금까지 한 것들을 일기로 써 보도록 하겠습니다.

다만 지금은 그냥 이 흐름에 몸을 맡기고 따라가고 싶으시다면, 눈으로 한 걸음 한 걸음 디디면서 나아가셔도 괜찮습니다. 이런 식으로 하는구나, 이런 도움이 되는구나, 하고 넘어가셔도 괜찮습니다. 이후에 다시 돌아오시면 됩니다.

감정일기는 언뜻 일기의 한 종류처럼 들릴지 모르나, 감정표를 보면서 체크해 보신 분들은 이미 눈치채셨겠지요. 감정을 구체적으로 짚어 보는 것과 그렇지 않은 것의 차이가 대단히 크다는 것을요. 감정일기는 내 감정을 빨리 알아채는 것을 습관화해 주고, 자연스럽게 빨리 해소할 수 있게 도와줍니다. 그럼 마음아이가 이후의 일상에서 계속 상처받는 것을 막을 수 있게 되지요.

여러분은 아주 중요한 첫 발을 떼었지만, 처음 공명한 마음아이는 이제 막 싹을 틔운 새싹과도 같아서, 자주 들여다보고 물을 주고 햇빛을 쬐어 주어야 합니다. 그래야 점점 더 선명해지고 온전해집니다.

감정일기 쓰기 5단계

그럼 본격적으로 감정일기 쓰는 방법을 알아볼까요?

1단계: 오늘의 감정과 그 감정을 느낀 원인을 써 봅시다
오늘의 주된 감정 상태를 떠올려 보고, 그 감정이 느껴진 원인(상황)을 생각해 보세요.
최대한 구체적으로 상황을 기록해 보세요.

예) 오늘 회의에서 발표를 해야 했는데 긴장해서 불안함을 느꼈다. 애써 말을 하기는 했는데 중간에 머릿속이 하얘졌다. 사람들의 무표정이 갑자기 나를 비난하는 것처럼 느껴졌다. 어찌저찌 말은 했는데 끝나고 나서도 자괴감이 들었다. 동료가 잘 발표했다며 격려해 줬지만, 그냥 적당히 위로하는 것으로 느껴졌다….

2단계: 감정을 표현해 봅시다

감정이 일어났을 때 어떻게 표현했는지를 적어 봅시다. 감정을 억눌렀는지, 아니면 솔직하게 표현했는지, 아니면 나름대로 표현은 했지만 온전하게 티를 내지는 못했는지. 혹은 특정한 행동으로 나타냈는지를 적어 보세요.

예 1) 불안했지만 솔직하게 긴장이 되고 떨린다고 표현을 했다. 그러니 직후에는 조금 나아지는 것 같았다. 하지만 사람들의 표정을 보다 보니 다시 불안해졌다….

예 2) 엄마가 자존감 깎이는 소리를 할 때마다 그냥 참고 넘어갔었는데 오늘은 처음으로 그런 말들이 힘들다고 했다. 엄마가 깜짝 놀라더니, 그런 줄 몰랐다며 미안하다고 했다. 표현하기를 잘한 것 같다….

3단계: 어떤 신체 반응이 일어났는지 써 봅시다

감정이 신체에 어떤 반응을 일으켰는지를 기록해 보세요.

예 1) 불안해서 심장이 빨리 뛰고 숨이 가빠졌다.

예 2) 긴장이 돼서 손에 식은땀이 축축이 배었다.

예 3) 억울한 기분이 들면서 가슴이 답답하고 숨이 턱 막혔다.

4단계: 마음아이와 대화해 봅시다

마음아이와 대화를 통해 감정을 공감하고 해소하는 과정을 적어 보세요.

마음아이에게 질문을 하거나 위로를 해 주는 등의 내용을 포함시켜 보세요.

예) 오늘 발표하느라 많이 힘들었지? 중학교 때 발표하다가 애들이 비웃었던 거 생각나서 더 그랬지. 내가 다시 생각해 보니까 그 애들이 못된 거였어. 너는 발표 잘 했어. 선생님도 칭찬했잖아. 내가 너 덜 힘들도록 솔직하게 긴장된다고 표현했는데, 사람들이 호응해 줘서 훨씬 괜찮아졌지? 너무 잘했어, 고생 많았어.

5단계: 감정일기를 쓰면서 느낀 점을 적어 봅시다

오늘의 감정일기를 통해 무언가 달라졌거나 새로 알게 된 사실이 있는지 적어보세요. 자신의 감정에 대해 더 깊게 이해하거나, 앞으로 비슷한 상황에서 어떻게 대처할지를 배웠을 수 있습니다.

예) 일기를 쓰고 나서 나중에 알고 보니 발표가 좋은 평가를 받았다
    고 했다. 사람들이 무표정하게 보는 것이 부정적인 뜻은 아니었
    다. 그냥 내 이야기에 집중한다는 뜻으로 생각하면 될 것 같다.
    그리고 긴장된다고 이야기를 하니 오히려 괜찮다며 호응해 줘
    서 훨씬 나아졌다. 다음에는 더 잘할 수 있을 것 같다.

감정일기에는 지금까지와 다르게 '다른 사람에게 표현하는 부분'
이 포함되어 있는데, 이것은 처음 하고자 하면 다소 어려울 수 있습
니다. 특히 주로 부정적인 반응을 돌려주던 상대라면 더욱 그렇지요.
여기서는 무리하지 않으셔도 괜찮습니다. 당장 꼭 표현하기보다는,
내 마음아이의 상태를 보면서 조금씩 할 수 있는 만큼만 시도해 보
세요.

감정을 행동으로 옮길 때는 상대를 공격하거나 비난하기보다 내
감정을 솔직하게 드러내는 것에 집중하시면 좋습니다. 상대를 비난
하거나 화를 내면 자연스레 상대도 함께 부정적이 되기 때문에 내 감
정도 함께 악화되게 됩니다. 내가 어떻게 느꼈는지, 내 마음이 어땠
는지를 상대에게 충분히 전달되도록 표현해 주세요. 그래야 상대도
내 감정을 제대로 받아들일 수 있습니다.

행동으로 표현한다는 것은, '지금의 내'가 과거의 나, 마음아이가
받았던 상처에 대해서 행동으로 옮겨 준다는 뜻입니다. 마음아이를

챙기고 보호하고 대변하는 일이 되는 거지요. 그걸 느낀 마음아이는 분명 전보다 괜찮아질 거예요. 그러니 처음엔 어렵더라도, 조금씩 더 잘 표현하는 방법을 시도해 봅시다.

감정일기를 쓸 때 정확히 어떤 감정이었는지 헷갈린다면, 아래의 감정표를 확인해 가면서 써 볼까요? 가급적이면 둘을 함께 놓고 체크해 가면서 쓴다면 더욱 좋겠습니다.

이전에는 스트레스 받았던 상황, 상처를 찾아내는 것이 핵심이었기 때문에 그와 관련된 감정표를 보여 드렸지만, 본격적인 감정일기에서는 모든 감정을 폭넓게 다룹니다. 긍정적인 감정을 잘 알아채는 것 역시 아주 중요한 일이니까요.

감정지도: 희노애락 감정표

• 기쁨(희)

행복한, 좋은, 사랑하는, 고마운, 기쁨이 넘치는, 만족하는, 기대하는, 사랑스러운, 뿌듯한, 가슴 벅찬, 감동적인, 보고 싶은, 편안한, 포근한, 안정적인, 차분한, 침착한, 여유로운, 한가로운, 고요한, 평온한, 평화로운, 따뜻한, 다정한, 온화한, 감미로운, 자비로운, 정겨운, 가슴 뭉클한, 보람찬, 애틋한

• 분노(노)

화난, 싫은, 짜증 나는, 미워하는, 심통 나는, 샘나는, 질투 나는, 지겨운, 귀찮은, 답답한, 속상한, 좌절한, 괴로운, 억울한, 신경질 나는, 분한, 열받는, 곤두선, 질투하는, 약 오르는, 욱하는, 충격적인, 상처받은, 섭섭한, 비참한, 변덕스러운

• 슬픔(애)

슬픈, 눈물 나는, 미안한, 마음 아픈, 불쌍한, 재미없는, 지루한, 딱딱한, 의욕 없는, 무관심한, 시큰둥한, 위축된, 의기소침한, 외로운, 막막한, 기운이 없는, 피곤한, 걱정되는, 고민되는, 후회되는, 실망스러운, 조심스러운, 안타까운, 싸늘한, 허탈한, 우울한, 울적한, 서러운, 안절부절못하는

• 즐거움(락)

신나는, 즐거운, 재미있는, 흥겨운, 흥분되는, 할 수 있는, 자신 있는, 당당한, 기대되는, 궁금한, 설레는, 놀라운, 반가운, 흥미로운, 몰두하는, 열정적인, 의욕 넘치는, 활력 넘치는, 힘찬, 기온이 넘치는, 날아갈 것 같은, 밝은, 발랄한, 생생한, 상쾌한, 유쾌한, 의기양양한, 자랑스러운, 확신하는, 우쭐한, 짜릿한, 꿋꿋한, 용기 있는

• 공포

무서운, 두려운, 공포스러운, 불안한, 떨리는, 겁나는, 진땀 나는, 조마조마한, 초조한, 다리가 후들거리는, 굳어 버린, 긴장된, 주눅 드는, 소름 끼치는, 오싹한, 괴로운, 고통스러운

• 수치

부끄러운, 쑥스러운, 창피한, 수치스러운, 민망한, 어색한, 자신 없는, 어려운, 당황스러운, 혼란스러운, 당혹스러운, 위축된, 죄스러운, 난감한, 낭패스러운, 부담되는, 찜찜한

감정일기를 계속해서 써 나갈수록, 감정이 정돈되면서 나를 점점 더 잘 알 수 있게 되고, 어떻게 해야 내가, 마음아이가 괜찮아지는지, 마음아이에게 무슨 말을 해 주면 좋을지도 더 또렷하게 알 수 있게 됩니다. 쓰면 쓸수록 점점 더 좋아질 거예요.

마음아이가 단단해지면 나중에는 '지금의 내'가 필요한 일을 할 수 있도록, 힘들 때도 무너지지 않도록 오히려 나를 도와주게 될 거예요. 내가 나에게 만들어 준 사랑과 지지는 어떤 것도 흔들 수 없는 강력하고 절대적인 무기가 되어 주니까요.

감정일기를 지속적으로 쓴 사람과 안 쓴 사람은 뒤로 갈수록 차이가 나게 되니, 여러분과 여러분의 마음아이를 위해 힘든 일이 있는

날만이라도 꼭 써 보도록 합시다.

책에 여러분이 실습해 보실 수 있도록 감정일기 샘플 페이지를 함께 실어 둡니다. 바로 써 보고 싶다면 잘 지워지는 샤프를 이용해서 적어 보셔도 좋습니다. 책에 쓰기가 좀 그렇다면 해당 페이지를 복사해서 쓰거나, 따로 받아 보실 수 있도록 준비한 자료를 다운받아 활용해 주세요.

여러분의 변화를 응원합니다.

감정일기 다운로드

1. 오늘의 감정과 그 감정을 느낀 원인을 써 봅시다.

_____

_____

2. 감정을 표현해 봅시다.

_____

_____

3. 어떤 신체 반응이 일어났는지 써 봅시다.

_____

_____

4. 마음아이와 대화해 봅시다.

_____

_____

5. 감정일기를 쓰면서 느낀 점을 적어 봅시다.

_____

_____

PART 2

상처를 치유로 바꾸는
뇌 활용법

치유하면
뭐가 달라지나요?

거울까지 마주하고 오셨다면 이제 여러분은 훌륭하게 예열을 마쳤습니다. 이제부터는, 어떻게 뇌를 활용하여 우리의 상처를 치유해 나갈지 배울 거예요.

본격적 치유 여정에 들어가기 앞서, 여러분에게 묻고 싶은 게 있습니다.

여러분은 왜 이 치유의 여정을 함께하려 하십니까?

여러 가지 이유가 있을 거예요. 우연히 책을 손에 들게 되어서, 감사하게도 추천을 받아서일 수도, 막연한 기대감 때문일 수도 있겠지요. 그 이유가 무엇이 되었든, 여러분에게 미리 꼭 말씀드리고 싶은

게 있습니다.

치유를 거치는 것과 그렇지 않고 살아가는 것의 차이는 대단히 크다는 것을요.

대부분의 상담을 오시는 분들은 몸으로, 마음으로, 목소리로, 손끝 하나하나로 이렇게 물어 오시곤 합니다.

"사는 게 너무 힘이 듭니다. 대체 어떻게 해야 괜찮아지나요?"

이에 대한 답변은 아주 오래도록 저의 숙제이기도 했습니다. 마음을 치유하면 괜찮은가? 그걸로, 정말로 다 괜찮아진다고 할 수 있을까요. 그럼 정말로 삶이 바뀔 만큼의 희망이 찾아올 수 있을까요.

오랜 고민 끝에 찾아낸 해답은, '그렇다' 였습니다.

사람은 생후 3년 이내에 폭발적으로 뉴런이 형성된다는 걸 아시나요? 이때는 세상을 인식하기 위해 모든 정보를 스펀지처럼 받아들이지요. 그러면서 가장 중요한 기반이 만들어집니다. 바로 '애착관계'라는 것입니다.

아기는 혼자의 힘으로는 아무것도 할 수 없습니다. 혼자서는 뭔가를 먹을 수도, 배변을 처리할 수도, 움직일 수도 없지요. 이때 보호자가 아이의 생존에 필요한 것을 깊이 들여다보고 항상 챙기고 안심시켜 주면 아이는, 자신이 보호받는다고 느끼게 됩니다. 세상이 안전한 곳이라는 인지가 생깁니다.

반면에 필요한 것들을 충분히 받지 못한 아이는, 세상이 위험한 곳이라고 느끼게 되겠지요. 이는 편도체의 발달에 영향을 끼쳐서, 보호받은 아이는 안정적인 편도체를 가지게 되지만, 보호받지 못한 아이는 불안정한 편도체를 가지게 됩니다.

그건 즉, 외부의 반응에 훨씬 더 민감해진다는 의미이기도 합니다.

안정적인 애착관계를 형성한 아이들이 두터운 털옷에 갑옷을 입고 세상에 나가게 되었다고 해 보겠습니다. 반면 불안정한 아이들은 넝마를 걸친 채 세상에 나아가게 됩니다. 이 아이들에게 세상은 춥고 위험한 곳일 거예요. 힘들고, 어떻게 살아야 할지 모르는 곳이 되겠지요. 어쩌면 어린 시절의 저나, 이 책을 읽는 여러분의 힘들었던 언젠가처럼요.

힘들다는 것은 무슨 뜻인가요? 생존에 위협을 받는다는 뜻입니다. 위협을 느낀다는 것은 이제 여러분도 알아채셨을 것처럼, 편도체가 자극을 받는다는 뜻이지요. 이에는 두 가지 갈래가 있습니다.

하나는 물리적인 생존입니다. 현대 사회에서는 돈이지요. 또 하나는 정서적인 생존입니다. 내가 사랑받고 온전한 존재라는, 정서적인 지지대이지요. 삶을 살아가는 데 있어 아주 중요하고 귀한, 닻 같은 것입니다.

물리적 생존을 위해 돈을 버는 것은, 필요한 기본적인 것을 채울 수 있을 정도를 벌면 됩니다. 그러나 여기서, 돈을 '잘 버는 것'과 '어렵게 버는 것'의 차이가 생겨납니다.

잘 생각해 봅시다. 기본적으로 돈은 어떤 사람이 잘 벌까요?

머리가 좋은 사람일까요. 물론 맞는 이야기입니다. 돈이 되는 것을 잘 보는 사람도 있지요. 그도 분명 맞는 이야기입니다. 좀 더 전반적인, 상식적인 것을 생각해 봅시다.

내면이 단단하고 잘 흔들리지 않는 사람. 그렇지 않습니까? 자기확신이 있는 사람. 긍정적이고 미래를 보는 사람. 실패하더라도 낙심하지 않고 금방 회복하는 사람. 주변에 좋은 이들이 많은 사람. 의사소통을 잘하고 조율하는 것에 뛰어난 사람. 저 사람 성격 좋지, 하는 말을 듣는 사람들의 이야기입니다.

수많은 요소들에도 불구하고 그들에게 있는 공통점은, '단단한 정서적 기반'입니다. 다른 말로 자존감이 높다고도, 회복탄력성이 좋다고도 하지요. 아주 다양한 표현으로 변주되지만 핵심은 같습니다.

뇌를 기반으로 생각하면 어떨까요? 편도체가 안정되었다는 뜻이겠지요. 즉, 애착관계가 안정적으로 형성된 유형이 됩니다.

반면, 세상을 넝마 한 조각 걸치고 나서야 했던 아이들은 어떤가요. 작은 상처 하나에도 움츠리게 되고, 자신이 잘못한 것만 같은 그런 이들. 끝없는 갈증에 목말라하며, 자신이 받지 못한 정서적인 안정을 줄 무언가를 찾아 헤매게 되는 이들. 이들은 정서적으로, 약자의 입장이 될 수밖에 없게 됩니다.

스스로가 괜찮다는 확신이 없으니 자연히 사람들의 눈치를 보게 되고, 눈치를 보면 볼수록 사람들은 그런 것을 불편하게 느낄 수 있겠지요. 이런 상호 반응은 꼬리에 꼬리를 물고 안 좋은 쪽으로 흘러가기가 쉽습니다. 그것을 혼자 힘으로 깨고 나온다는 것은, 너무나, 정말 너무나 어려운 일입니다.

흔히 우리는 TV의 미디어, SNS상에서 '너 자신으로 살아라', '네가 하고픈 걸 해라', '너 자신을 우선해라', '남들 눈치 보지 마라'라는 말을 숱하게 들어 오지 않았습니까. 습관처럼 그런 이야기들을 답습하면서도, 정말로 와닿지는 않아서 도리어 힘들지는 않던가요. 그렇게 해야 한다는 걸 누구보다 잘 아는 건 나인데, 마음처럼 되지 않아서 가장 답답한 것도 나인데 말입니다.

대체 어떻게 하면 그렇게 될 수 있는 걸까, 하는 의문은 아마도 아주 오래도록 우리 안에 풀리지 않는 의문이었을 거예요.

다시 돌아와 보겠습니다. 마음을 치유하면 정말 그걸로 다 괜찮은가, 에 대한 의문에 그렇다, 고 말씀드렸지요. 우리의 삶을 힘들게 하는 것이 돈과 정서 기반이라면, 살아온 환경을 이렇게 정리해 볼 수 있을 것 같습니다.

1. (물질X, 정서X) 가난한데 가정환경도 나쁜 집
2. (물질X, 정서O) 가난한데 가정환경이 좋은 집
3. (물질O, 정서X) 풍족한데 가정환경이 나쁜 집

4. (물질O, 정서O) 풍족한데 가정환경도 좋은 집

1번의 친구들은 너무나 힘든 환경에 처해 있습니다. 눈물이 날 것 같을 정도로요. 이런 상황 속에 있는 모든 이들이 자신의 빛을 끝내 잃지 않기를 간절히 바라지만, 부디 힘을 내 주어야 하는 그런 환경일 겁니다. 우선은 넘어가서 반대에 있는 4번을 보겠습니다. 이 친구들은 소위 전생에 나라를 구했다고 일컬어지는 친구들입니다. 세상에 어떤 난관이 닥쳐도 능히 이겨낼 수 있을 거예요. 이런 이들은, 세상을 더 좋게 만드는 데 힘써 주면 고마울 친구들입니다. 1번 친구들과는 정반대의 입장이지요.

3번을 봅시다. 어딘가의 드라마나 소설에서 흔히 볼 법한 캐릭터가 떠오르지 않으시나요? 돈은 많지만 정서적인 갈증이 있다면, 자연스레 그것을 메꾸기 위한 수단으로 돈을 쓰는 게 쉽겠지요. 하루가 멀다 하고 파티를 벌이거나, 여행을 다니거나, 명품관을 매일 드나드는 그런 그림이 그려집니다. 그러나 이들이 온전하고 평화롭다는 느낌이 들지는 않습니다. 그렇지요?

그럼 마지막으로, 2번. 이 친구들이 사실 이 이야기의 주인공이었습니다.

잘 생각해 보면 아주 많은 소설이나 영화 등에서, 실제 주인공의 모습이 이 친구들을 닮기도 했지요. 환경이 풍족하지는 않지만, 자신

에 대한 믿음이 있고, 멘탈이 단단한 이들. 언제든 자신을 지지해 주는 사람들, 사랑하는 사람들이 있음을 저 근본적인 데서부터 알고 있는 이들. 이들은 어떻게든 자신에게 주어진 상황을 좋은 쪽으로 개선해 나갑니다. 우리가 살아오면서 한두 번쯤은 만나 보았을, '집이 그리 여유롭지는 않은 것 같은데, 참 사람 괜찮다. 저런 태도는 배우고 싶다. 뭘 하든 잘할 것 같다. 나중에 잘살 것 같다.'라는 생각이 드는 그런 친구들 말입니다. 그리고 이들은 높은 확률로, 그런 길을 걸어가지요. 잘 생각해 보면, 세상을 살아가는 일이란 결국 사람을 대하는 일이지 않습니까? 돈은 혼자 움직이지 않지요. 사람이 가져옵니다. 자신에 대한 믿음이 있으면 갈등이 생겨도 그걸 원만하게 이끌어 나갈 수 있고, 커뮤니케이션 능력도 좋아집니다. 위기 상황에 대한 면역도 강해지지요. 이 역시 결국은 사람의 일이니까요.

그럼 결국, 인간관계를 잘한다는 것은 어떤 의미가 있을까요? 네, 물질적으로 더 풍요로운 삶을 살 수 있다는 의미가 됩니다. 그럼 여기서 우리가 얻을 수 있는 결론은 무엇이겠습니까?

'정서적인 단단함은, 물리적인 풍요를 이끌어 낼 힘이 있다.'라는 것이겠지요.

노벨 경제학상 수상자 제임스 헤크먼 교수의 '영유아 시절의 양육 환경과 애착 관계가 경제적 성공 확률과 밀접하다'는 이야기나, 애착 이론에서 '안정적 애착을 형성한 사람의 문제해결력이 뛰어나다'는 결과를 보여 주는 것은 이러한 사실에 대한 좋은 근거가 됩니다.

반대로, 찰스 넬슨 교수의 '가난하고 스트레스가 많은 가정 환경일수록 어린아이들의 아이큐가 정상적인 아이들 대비 15% 이상 떨어진다'는 발견 역시, 슬프지만 맥락이 같은 연구 결과이기도 하지요.

우리들은 재벌집에 태어나지 않았고, 부족한 환경에서 나름의 최선을 다하며 살아가고 있습니다. 그렇다면 결국 이 모든 상황에, 우리가 가져야 하는 가장 강한 무기는 무엇일까요.

이제 조금은 짐작을 하실지 모르겠습니다. 그렇습니다. 줄곧 이야기해 왔던, '정서적 기반을 만드는 일'입니다.

생후 3년 이내 결정된다고 하였으니 이제 와서 이런 이야기를 하는 건 좀 모순되게 느껴지지요. 한 가지 희망적인 이야기를 해 드리자면, 우리의 뉴런은 평생 새롭게 연결되고 또 끊어진다는 것입니다. 즉, 생후 3년처럼 폭발적인 변화는 아니더라도 노력을 통해서 얼마든지 바꿀 수 있다는 의미이지요. 하지만 이것만으로는 아직 어떻게 하라는 뜻인지 잘 와닿지 않으실 거예요.

이를 위해서 우선 뇌에 대한 두 가지 진실을 이야기해 보겠습니다. 잘 들어 주세요.

- 뇌는 감정을 기반으로 학습한다.
- 뇌는 상상과 현실을 구분하지 못한다.

조금은 갑작스럽게 보이실지 모르겠습니다. 단순하게 생각해 봅시다. '뇌는 감정을 기반으로 학습한다'고 하네요. 좋은 감정이든 나쁜 감정이든, 감정이 엮인 것들을 훨씬 더 잘 받아들인다는 의미입니다. 여기에, '상상과 현실을 구분하지 못한다'는 명제가 이어집니다. 이건 반대로 이야기하면, 상상에 현실만큼의 파워가 있다는 뜻도 될 수 있겠지요. 이에 대한 과학적 근거들은 학계에서 다양하게 제시되어 왔습니다.

그럼 이 두 가지 명제를 가지고 어떠한 결론을 만들어 볼 수 있을까요? 감정적 경험을 주면 뇌가 아주 또렷하게 학습을 하니, 좋은 쪽으로 활용하려면 긍정적 감정 경험을 주면 되겠습니다. 상상과 현실을 구분하지 못한다 하니 꼭 현실에 얽매일 필요가 없겠네요. 이 둘을 합쳐 보면, 이런 명제가 나오게 됩니다.

"상상을 이용해서 긍정적인 감정 경험을 학습할 수 있다."

가장 처음에 던져졌던 의문에 대한 저의 대답은 바로 여기에서 나왔습니다. 우리가, 우리의 의지를 사용해, 얼마나 오랜 시간이 흘렀든 스스로의 정서적 기반을 만들 수 있다는 이야기. 놀랍게도, 그렇게 정리가 됩니다.

기적처럼 운명의 짝을 만나거나, 나를 알아주는 영혼의 반쪽을 만나지 못하더라도요. 우리가 스스로를 채워 줄 수 있습니다.

아직은 생소하고, 어쩌면 거짓말 같을지도 모를, 그런 이야기지요?

저는 이제부터 이 방법을 통해 여러분에게, 여러분이 기꺼이 가졌어야만 하는 선물을 돌려 드리고자 합니다. 제가 오래전의 저를 구해 냈듯이, 여러분 마음속 깊이 숨은 마음아이들에게, 원래부터 주어졌어야 하는 단단한 땅을 돌려 드릴 겁니다. 그리하여 여러분이 온전히 발을 딛고서, 그 힘으로 세상을 누빌 수 있도록, 그리하여 돈을 버는 일 정도는 어렵지 않은 일이 되도록.

반신반의하셔도 괜찮습니다. '그렇다면 뒤를 잘 봐야겠구나!' 하는 생각이 샘솟는 정도라면 아주 좋겠습니다. 그럼 이런 마법 같은 일이 어떻게 가능해지는지, 본격적으로 뇌를 움직이는 방법을 배우러 가 보겠습니다.

3회기:

뇌의 작동방식
역이용하기

우리는 뇌를 잘못 사용하고 있습니다

우리의 삶이 이토록 힘든 이유가, 생존을 위해 만들어진 뇌 구조 때문이라는 이야기를 했었지요. 생존 확률을 높이게끔 만들어졌다는 것은, 사실은 우리를 괴롭히는 것이 아니라 돕기 위한 방편인 셈입니다. 그리고 이를 적절히 움직일 줄 알면, 나에게 좋은 쪽으로도 충분히 활용할 수 있지요.

사실 부정적 감정, 스트레스는 뇌의 근본적인 작동원리와 관련이 있어요. 작동원리를 알면 활용할 수도 있겠지요. 이번 챕터에서는 뇌의 작동원리를 알고 응용하는 법, 그리하여 부정적인 흐름에서 벗어나 원하는 대로 방향을 바꿀 수 있는 방법을 배워 보겠습니다.

이번에 등장할 주인공은 바로, 이제는 익숙해졌을 이름 '편도체'입니다.

⌐ 자극에 대한 반응 공식

편도체가 반응하는 가장 우선적인 것이 바로 생존과 관련된 신호라는 걸 기억하시지요? 이 판단은 정말 눈 깜짝할 사이에 일어납니다. 누군가 나를 때리려 하거나 위협한다면, 바로 그 대상은 편도체에게 찍혀 위험인자로 구분되게 되지요. 닮은 사람만 봐도, 혹은 비슷한 상황에만 처해도 가슴이 두근거리게 되는 경험, 아마 살면서 다들 몇 번 겪으셨을 거예요.

머리로는 다른 사람이라는 걸 명확하게 인지하더라도, 감정적으로 놀란 것을 가라앉히기는 쉽지 않으셨던 기억도 있으실 겁니다. 내 마음이 왜 이러지? 하고 달래려 애쓰셨던 적, 그런데도 잘되지 않아 답답하고 괜히 화가 나던 기억이 있으셨을 거예요. 이것이 사실, 편도체의 작동 방식에 따른 결과입니다. 위협이라고 인지한 것을 계속 신경 쓰게 하는 것이지요.

실제와 상상이 다름에도 불구하고 똑같이 스트레스를 받는 이유는 무엇일까요? 편도체가 이 둘을 구분하지 않기 때문입니다. 처음 놀란 것은 '실제'이고 이후에 닮은 사람을 보고 놀라는 것은 '착각, 느낌'이지요. 하지만 편도체는 똑같은 위협으로 받아들입니다. 그저 거기서 느껴진 공포, 불안 등의 '감정'만을 진실이라고 받아들이지요. 이런 부정적인 기억이 구조화되어 '부정적인 뉴런'을 형성하게 되는

데, 이로 인해 특정 대상에 대한 감정 반응이 자동으로 저장됩니다. 자라 보고 → 놀란 가슴이 → 솥뚜껑 보고 → 놀라는 것도 바로 이때 형성된 뉴런 때문이지요.

생존에 관련된 감정들은 자연스럽게 부정적인 쪽으로 강화되기가 쉬울 수밖에 없습니다. 위험 요소를 피하기 위해서는 경계하고, 두려움을 느끼고, 자신을 지키기 위해 피하거나 맞서 싸워야 하니까요. 게다가 위협 신호였다 보니, 계속해서 생각이 떠오르도록 메시지를 보내겠지요. 옐로 카드 이후 레드 카드가 나오듯이, 우리의 뇌가 '경고했잖아! 조심해!'라고 하는 겁니다.

하지만 우리는 현실의 삶을 살아가는 데 챙겨야 할 것들이 너무 많다 보니, 감정은 번거로운 문제처럼 덮어 놓고 일단 눈앞의 일에 집중하게 되지요. 당장의 해야 할 일, 회사 문제, 가족이나 아이들 문제도 산 너머 산이었을 겁니다. 이런 식으로 일상에 치여 감정을 억지로 내리누르고 지나가다 보니, 이 감정들이 복리처럼 불어나서 점점 더 눈덩이처럼 커졌을 거예요. 그렇게 비슷한 일이 생길 때마다 쌓이고 쌓인 감정들은, 결정적인 순간에 잔을 넘치는 물이 됩니다.

이런 순간이 바로 우리가, '무언가 잘못됐다'라고 느끼는 순간입니다. 정신의학적으로는 어떤 증상이 '발현'되는 순간이지요. 주로 이런 현상을 겪고 나서 상담이나 정신과를 찾게 되시곤 합니다. 이렇게 찾아오시는 경우 '어제까지 괜찮았는데 갑자기 문제가 생겼다'

고 이야기하시는 경우가 많지만, 사실은 그렇지 않습니다. 아주 오래도록 저 깊은 데서부터 차오른 물입니다. 우리가 감정을 모른 척하고 내리누른 만큼 쌓여 오다가, 마침내 이성의 둑을 넘어선 것이지요.

이 부정적인 감정이 어떻게 쌓이는지, 간단한 예시로 생각해 볼까요? 어려울 것 없이, 우리에게 스트레스를 일으키던 일들을 떠올려 볼 수 있을 것 같습니다.

나를 뒷담화하는 직장 동료, 명확한 지시사항은 안 주면서 가스라이팅만 하는 상사, 조별 과제에서 공을 가로채기하는 동기 등 살아오면서 겪은 많은 불합리한 일들을 떠올려 봅시다. 일상에서 갑자기 분통 터지고 화나는 일이 생기면, 우리는 어떻게 반응하나요? 당시에는 어찌저찌 넘어가거나, 적당히 덮고 지나가거나 했을지 모릅니다. 한데 집에 가던 길에 다시 떠오르고, 샤워하다가도 화가 나고, 잠자리에 들어서도 심장이 두근거리곤 합니다.

성격 나쁜 상사에게 모욕적인 말을 들었다고 쳐 보겠습니다. 기껏해야 두세 마디 정도가 다였을지 모릅니다. 한데도 우리는 언제 또 나를 괴롭힐까, 언제 또 스트레스를 줄까 신경 쓰느라 하루 온종일 진이 빠지지요. 매일 봐야 한다는 관성적인 스트레스까지 붙어서, 종래에는 회사를 때려치우고 싶다는 생각까지 들기 시작합니다. 사고가 부정적인 방향으로 눈덩이처럼 불어나는 것은 순식간이지요.

자, 생각해 봅시다. 여기서 그 상사를 떠올리는 것은 실제일까요,

생각일까요? 생각이지요. 하지만 생각은 여기서 멈추지 않고 몸집을 부풀려, 앞으로 벌어질 일에 대해서까지 걱정하고 스트레스를 덧씌우기 시작합니다. 내가 이번 보고서 제출하면 분명 또 트집 잡겠지. 새 프로젝트 하면 또 일일이 태클 걸겠지. 또 사람들 앞에서 망신 주겠지. 그러며 화는 점점 더 커집니다.

자, 다시 생각해 봅시다. 이것은 실제인가요, 생각인가요? 역시 생각입니다. 잘 들여다봅시다. 처음의 부정적 마음은 외부 자극으로 일어난 거지만, 우리가 끝없이 재생산하는 생각은 내부에서 만드는 거지요. 그럼에도 계속 스트레스를 받고 심지어 눈덩이처럼 불어나, 나중에는 어디부터 어디까지가 실제인지 헷갈리기 시작합니다.

왜 이렇게 될까요? 그것이, 편도체의 작동 방식이기 때문입니다. 그게 외부 자극인지 내부 자극인지, 실제인지 상상일 뿐인지 구분하지 않기 때문입니다. 이 녀석은 그저 '자극이 들어왔다'는 것만 판단하고 '연결되어 있는 감정'을 불러일으킬 뿐이니까요. '뇌가 상상과 현실을 구분하지 못한다'는 명제는 바로 이런 뜻입니다.

과학적 일례로는 영국의 버밍엄 대학교에서 진행했던 '가짜손 실험'이라는 것이 있습니다. 이 실험에서는 피험자의 손을 나무 판자로 안 보이게 가린 후, 판자 위에 모형 손을 올려 두었습니다. 마치 그의 손인 것처럼요. 그리고 모형 손을 건드리거나 자극을 줄 때마다, 감춰진 실제 손에도 똑같은 자극을 주었습니다.

물론 인지로는, 이성으로는 모형 손이 내 손이 아니라는 걸 너무도 잘 알고 있지요. 그러나, 망치로 모형 손을 내리쳤을 때. 피험자는 어떻게 반응했을까요? 그는 악, 소리를 지르며 깜짝 놀랐습니다. 심지어 고통을 호소하기도 했지요.

우리의 뇌가 실제와 상상을 구분하지 못한다는 것은 다수의 과학적인 근거들로 꾸준히 증명되어 왔습니다. 냉동고에 갇혀서 얼어죽은 이의 이야기, 그러나 알고 보니 그 냉동고는 전원이 들어오지 않은 상태였다는 일화들 역시 이런 사실을 보여 주는 사례이기도 합니다. 슬픈 꿈을 꾸고 나서는 하루종일 우울해지기도 하지요. 실제라 믿는 감정은, 이토록 힘이 강력합니다.

그리고 놀랍게도, 우리는 이런 방식을 통해 뇌를 끊임없이 부정적인 쪽으로 학습시켜 왔습니다. 전혀 우리의 의도가 아니었고, 그러고 있는 줄 꿈에도 몰랐음에도요.

⚑ 자극 반응을 역이용하기

자, 그럼 중요한 명제를 확인했으니 이제는 응용이 남았습니다. 부정적인 루트를 이해했으니, 그걸 반대로 이용하면 되겠지요. 뇌가 상상과 현실을 구분하지 못한다는 지점을 어떻게 역이용할 수 있을까요?

간단한 예시를 들어 보겠습니다. 최근에는 반려 동물을 키우는 분들이 점점 많아지고 있지요. 저는 어릴 적 큰 개에게 물린 적이 있음에도 강아지를 너무나 좋아합니다. 아마 다들 한 번쯤은 강아지가 나오는 TV 프로그램을 보셨을 거예요.

강아지들도 트라우마라는 것이 있습니다. 그로 인해 버릇이 나빠지거나, 이상한 행동을 보이기도 합니다. TV에서는 주로 훈련사가 등장하여 강아지의 문제 행동을 고치지요. 지금 설명할 이야기는, 트라우마가 있는 강아지를 치료하는 방식과도 맥이 상통합니다.

목줄에 트라우마가 있는 강아지는, '목줄을 하면→나쁜 일이 생겼다'고 기억하고 있기 때문에 극렬한 거부 반응을 일으킵니다. 한데 이걸 반대로 적용해서 '목줄을 하면→간식이 생긴다(좋은 일이 생긴다)'로 연결을 바꾸면 어떨까요? 강아지는 이내 목줄을 순순히 받아들이고, 심지어 나아가 목줄이 좋은 것이라고 여기기에 이릅니다. 마법처럼 강아지가 바뀌는 모습들을 방송, 미디어를 통해 보신 적이 있을 거예요.

이것이 어떻게 사람에게 적용된다는 걸까요? 사실 이런 원리는 자극과→반응 사이의 연결고리를 끊어서 다른 것으로 전환시키는 방법입니다. 다만 여기에 뇌를 설득하는 과정이 필요한데, 우리는 이미 부정적인 방식으로 이 프로세스를 활용해 왔음을 알았지요. 부정적인 생각을 통해 감정 반응을 반복하여 쌓아 가는 방식이었습니다.

그럼 반대로 활용하면 되지 않겠습니까. 부정적인 감정을 끊임없이 되새김질하는 대신, 다른 감정을 연결해 주는 방법으로요. 뇌가 아주 잘 속아 넘어간다는 사실도 확인했으니까요.

그럼 그 특성을 이용해서 '특정 대상'→'부정적인 감정'으로 강화되어 온 반응 구조를 '긍정적 감정'반응으로 전환시키는 방법을 쓸 겁니다. '자라→나쁜 것'을 '자라→좋은 것'으로 바꾸는 겁니다. 간단한 원리이지요.

그럼 다시, 우리가 바로 적용해 볼 수 있는 예시를 가져와 보겠습니다. 멀리 갈 것 없이 우리를 괴롭혔던 직장 상사에게, 비난한 것에 대해서 사과를 받는다고 상상해 봅시다. 혹은, 막말을 한 것에 대해서 오히려 상부에서 혼이 난다고 상상해 보는 겁니다.

어떻습니까? 일시적이나마 속이 조금 시원해지지 않으셨나요. 어쩌면 곧, 이건 현실이 아니잖아. 라는 생각도 드셨을지 모릅니다. 이건 상상일 뿐인데, 이게 의미가 있을까? 하고요. 네, 여기에서 바로 우리가 지금까지 열심히 연습해 온 공명이 필요합니다. 방금 이야기한 것처럼, 편도체가 속아 넘어가는 방식으로 해야 합니다. 공명을 하지 않은 채로 '생각'만 한다면 마음은 움직이지 않습니다.

우리는 항상 '내 마음이 마음처럼 되지 않아서' 힘들지 않습니까. 그 부분에 핵심이 있어요. 생각과 마음이 '함께' 가야만 합니다. 마음이 원하는 것을 잘 듣고, 정확하게 이입하고 풀어 줘야 마음도 함께 움직입니다. 이를 위해 그토록 지금까지 공명에 대해 배워 온 것이지요.

스트레스를 억누르기 위해 '솥뚜껑은 자라가 아니야!' 하고 아무리 설득을 해도 이것이 생각에 불과하다면, 정말로 상상에 그치게 됩니다. 그러나 공명이 된 상태에서 감정적 무게감을 갖게 된 상상은, 편도체에 현실과 같은 무게로 입력이 됩니다. 이성, 판단의 역할을 담당하는 '전두엽'이 이게 상상일 뿐이라고 판단해도, 이미 편도체는 자신이 원하던 것을 받았다고 느끼게 되는 겁니다. 자연스레 처음에 연결되어 있던 부정적인 감정이 풀려나게 되지요. 놀랍지 않습니까? 의외로 단순한 원리이지요.

지금 설명하는 이야기들은 이론적인 것이기에, 어쩌면 확 와닿지 않으실지 모릅니다. 이후에 바로 이어지는 사례 적용 예시를 보시면, 이 원리가 얼마나 깊은 곳까지 작용하는지 느껴지실 거예요. 그러니 아직은, 그렇구나, 하고 넘어가 주셔도 괜찮습니다.

자, 그럼 지금까지 배운 치유 프로세스를 다시 한번 정리해 볼까요?

1. 열심히 연습해 온 공명을 통해 마음아이에게 연결하기
2. 충분히 감정 몰입이 된 상태에서 마음아이가 받기를 원하고 보고 싶어 하는 상황을 떠올리기
3. 마음아이가 원하던 것(감정)을 경험할 수 있게 그 상황을 만들

어 주기

이 프로세스를 저는, 뇌가 인지하는 방식의 치유, 뇌 인지 치유라고 부릅니다. 공명이 어느 정도 연습된 분들은 어쩌면 벌써, 이렇게 하는 거구나! 하고 감을 잡으셨을지도 모르겠습니다. 감수성이 민감한 분들일수록 빠르게 감정 변화가 일어날 수도 있습니다. 지금 단계에서 벌써 와닿는다면 그것도 너무나 좋은 일이지요. 잘 안 되시거나 온전히 이해가 가지 않더라도 걱정하지 않으셔도 됩니다. 바로 다음 장에 더 자세한 가이드가 준비되어 있으니, 우선 원리를 잘 알고 넘어가면 충분합니다.

결론적으로 이 프로세스를 따라 감정을 입력시켜 주면, 뇌는 이것을 '진실'로 받아들입니다. 공명이 잘 되었을수록 그로 인한 변화는 크고 빠르게 나타나지요. 그동안 쌓여 있던 분노와 억울함 수치가 80이었다고 한다면, 공명하여 마음아이가 원하는 것을 해 준 것만으로도 스트레스가 50~60 정도로 낮아지고 긴장도도 떨어지게 됩니다.

강아지의 간식이 긍정적 보상 체계로 형성되는 것처럼, 우리에게는 좋은 감정이 긍정적 보상 체계로 이어지는 겁니다. 이것이 반복될수록 '자라=나쁜 감정'이라는 공식이 더는 성립하지 않을 수 있게 됩니다. 심지어 반복할수록 긍정적인 뉴런 구조가 강화되어, 나중에는 사고의 흐름 자체를 바꿀 수 있을 만큼의 강한 힘이 있지요.

이것을 좀 더 과학적이고 시각적인 힘을 빌어 표현하자면, 뇌의 상태를 보여 주는 그래프로 표현할 수 있겠습니다.

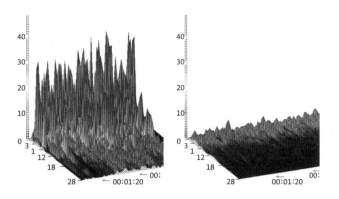

• 치유 전과 후 내담자의 뇌파를 측정한 그래프 •

※파낙토스 뇌파 측정 결과입니다. 뇌파를 측정한 것만으로 종합적인 상태를 진단할 수는 없습니다. 여러분의 이해를 돕기 위한 시각적 예시입니다.

전자는 치유 전의 상태, 후자는 치유를 수 회차 거친 안정된 상태의 뇌파입니다. 차이가 보이시나요? 치유 전의 그래프는 불안이 대단히 높고 외부 자극에 취약한 상태가 드러나 있습니다. 반면 치유 후의 상태는 통상 12hz 이하, 즉 상당히 안정된 상태인 것을 확인할 수 있지요.

물론 명상 등을 통해서도 후자의 그래프가 나올 수 있고, 수면 중이어도 마찬가지입니다만, 이 그래프는 온전한 치유 과정 이후 '안정적인 상태가 유지되는 것'을 지속적으로 찍은 일부입니다. 즉, 치유 과정의 핵심은 평온이 일시적 상태가 아닌, 일상에서도 유지된다는 것에 있습니다. 자신의 상태를 스스로 컨트롤할 수 있게 되는 데 핵심이 있다고 할 수 있습니다. 치유 프로세스를 한번 익히고 나면 필요할 때 스스로 활용할 수 있게 되기 때문이지요.

좋은 생각을 선택하는 힘

우리는 무의식중의 선택을 통해서 생각해 왔습니다. 생각은 감정을 불러일으키고, 그것이 나를 괴롭히지요. 반대로 기쁘게도, 슬프게도 만듭니다. 그러나 우리는, 좋은 생각을 선택할 수 있습니다. 모두에게 그런 힘이 있습니다.

멀리 갈 필요도 없이, 원효대사의 해골물만 떠올려 봐도 우리는 세상을 우리 나름대로의 기준으로 보고, 그에 맞춰서 반응한다는 것을 알 수 있습니다. 원효대사가 아침에 일어나 그것이 해골물이라는 걸 몰랐더라면, 그는 평생 동굴에서 우연히 운 좋게 마주친 차갑고 시원한 물의 기쁨을 두고두고 떠올렸을 겁니다. 세상을 인식한다는 것은 이런 식으로 대단히 주관적이지요. 이런 것들이 많으면 많을수록 삶은 더 나은 방향으로 나아가고, 더 자주, 더 많이 행복해질 겁니다.

그렇다면 이것이 좋은 감정이 되도록 선택하지 않을 이유가 있겠습니까? 우리는 하루 한시 행복하기에만도 짧은 삶을 살아가는 것을요. 자신의 마음을 편안하게 해 주는 것보다 중요한 것이 얼마나 되겠습니까. 불안과 불면, 우울함과 두려움에서 스스로를 해방하는 일보다 뭐가 그렇게 귀하겠습니까.

직장 상사에게 험담을 들은 것이 계속 떠올라 하루를 온종일 화로 보내기엔, 믿던 사람에게 뒤통수를 맞아 새벽을 지새우고, 꼬리에 꼬리를 무는 나쁜 생각에 잠기기에는, 여러분은 너무 귀하고 아깝습니다.

뇌가 올려 보내는 부정적인 상상으로 끝없이 쳇바퀴 도는 걸 멈추셔야 합니다. 거울을 보며 공명까지 하신 여러분이라면, 이제는 뇌가 인지하는 방식으로 감정적 정보를 전달하는 것이 어떤 힘이 있는지 알게 되셨으리라 믿습니다.

한 내담자는 이 원리를 이용해 단 몇 분 만에 수런거리던 가슴이 가라앉는 것을 경험하고는, '선생님, 뇌가 바보군요?'라고 말하기도 했습니다. 기가 막힌 표현에 웃음을 터트린 기억이 납니다. 네, 뇌는 바보입니다.

이제 우리는 작동 원리를 알았으니 더는 부정적인 쪽으로 휘둘리지 않고, 우리의 편이 되어 일하게 만들어 봅시다. 한두 번만이라도 성공적으로 할 수 있게 되면 이후에는 훨씬 더 수월해질 겁니다.

이후의 장부터는 지금 설명한 응용법을 어떻게 활용하는지 실사례를 통해 보여 드릴 겁니다. 알게 된 무기를 꼭 쥐고서, 다음 장으로 가 볼까요?

실사례로 이해하기: 공황장애

　상담을 오는 분들은 대다수가 오래된 상처를 가지고 있습니다. 그것은 트라우마이기도, 오래되었음에도 낫지 않고 계속 덧나고 덧난 아픔이기도 합니다. 정신적인 스트레스가 증상으로 표출될 정도가 되었다면, 과거의 깊은 곳과 연결된 무언가가 있기 마련이지요. 그리고 대다수의 큰 상처는 주로 어린 시절, 대부분 가족에게서 출발합니다.

　힘들었던 일 리스트를 어린 시절부터 시간순으로 작성했던 것이 기억나시지요? 이러한 이유 때문입니다. 독초를 뽑는 것에 비유하자면, 줄기나 이파리만을 잘라내서는 결국 다시 자라나는 것과도 비슷하지요. 때문에 상처를 치유할 때는 순차적으로 과거에서부터 올라올 필요가 있습니다. 힘들었던 일 리스트대로, 어린 시절부터 풀어나가면 됩니다.

그와 별개로 비교적 최근의 문제, 혹은 그리 무겁지 않은 상황이나 사건이 있었을 수 있어요. 이런 일들은 과거의 경험과 연관이 있을 때도 있고, 그냥 정말 상황 자체의 스트레스일 때도 있습니다. 그저 상황에서의 스트레스라면 그 문제 자체로 해결하면 되지만, 깊이 연결된 상처가 있어서라면 과거의 아픔을 해소해 주어야 같은 일이 일어나지 않습니다. 과거의 기억이 자라라고 한다면, 자라가 좋은 기억이 되었을 때 솥뚜껑도 좋은 기분을 들게 할 수 있겠지요.

그럼 이 사실들을 잘 기억하고 넘어가 봅시다. 이제 우리는, 우리와 같이 힘든 삶을 버텨 온 사람들을 만나러 갈 거예요. 여정을 따라가면서, 앞서 함께 배운 것들을 어떤 식으로 적용하고 응용하는지 눈여겨보면 더욱 좋겠습니다.

⌐ 공황의 근원을 찾아서

"선생님, 저 좀 이상한 것 같아요. 저 정상이 아닌 것 같아요."

현우 씨가 찾아온 날의 첫마디였습니다. 흐릿한 하늘과 희게 질린 얼굴이 아직도 기억이 납니다.

현우 씨는 평범한 직장인이었어요. 어쩌다 오게 됐냐고 물어보니 회사에서 중요한 발표가 있었다고 하더군요. 한데 발표를 하다 말고 갑자기 목소리가 떨리면서, 앞이 잘 보이지 않고 등에서 식은땀이 났다고 했습니다. 이어서 무슨 이야기를 하고 있는지 하나도 생각이 안 났다고, 그게 덜컥 무서워져서 회사를 뛰쳐나왔다고요.

나을 수 있으니까 걱정하지 마세요. 그렇게 현우 씨를 진정시키며 말했습니다. 하나도 이상한 거 아니에요. 그동안 너무 억눌려 와서 그래요. 괜찮아요, 나을 수 있어요. 저도 비슷한 일 겪었었고, 지금은 아주 평온해졌어요. 그렇게 보이죠? 그리 말하니 현우 씨의 얼굴에 조금 희망의 빛이 들었습니다.

주로 이런 경우 제가 물어보는 질문은 이렇게 시작합니다.

"그때 기분이 구체적으로 어땠어요?"

"비슷한 일이 예전에도 있었나요?"

현우 씨는 평소에도 사람들이 뒤에서 자신을 욕하지는 않을까, 전전긍긍하고 신경 쓰이는 편이라고 하더군요. 대학교 때는 내내 발표 수업을 피해 다녔다는 이야기와 함께요. 그 이야기를 듣고 있자니 아마 어린 시절부터 이어져 온 무언가일 거라는 생각이 들더군요. 그래서 이렇게 질문했습니다.

"부모님하고는 어때요? 어릴 때는 어땠나요?"

부모님이요. 어…. 잠시 허공을 헤매던 현우 씨의 시선이 한곳에 멎었습니다. 지금은 그럭저럭 괜찮은 것 같은데요. 어릴 때는 엄청 무서웠어요, 저희 아버지가 장군이셨거든요. 그렇게 이야기가 시작

됐습니다.

잘 기억 안 나는 어릴 때부터 현우 씨의 아버지는 항상 무서운 사람이었더군요. 언제나 말이 없었고, 말을 꺼낼 때는 오로지 무언가를 명령하거나 호통을 칠 때 뿐인, 그런 사람이었다고 했습니다. 어린 현우 씨는 어떻게든 아버지 마음에 들기 위해 애썼지만, 아버지는 그런 건 전혀 신경 쓰지 않았습니다. 그저 잘못을 하면 추운 겨울날 맨발로 쫓아내거나, 멀리 떨어진 공원에 두고 가 버릴 정도였으니까요. 보호받고 사랑받아야 할 집이 그런 분위기였으니, 그 어린아이는 참 힘들었을 겁니다. 그런 환경에서 현우 씨가 점점 위축되어 간 것은 어쩌면 당연한 흐름이었겠지요. 사람들에게 잘 보여야 한다는 강박과 함께 차곡차곡 쌓인 두려움은, 결국 회사에서 극단적인 형태로 현우 씨를 찾아왔습니다.

⌐ 마음 장벽을 넘어서는 두 가지 방법

치유의 여정을 잘 기억하고 계신가요? 1~3단계를 체크해 가면서 공명을 하고, 잘 안 된다면 감정표를 체크하면서 끄집어내고, 그 이후는 내가 신이나 주변인이 되었다고 생각하고 도와줘 보기로 했었지요?

먼저 필요한 것은 공명이었지요. 저는 현우 씨에게 물었습니다.

"어렸을 때의 힘들었던 자신을 보면 어떤 기분이 들어요?"

그냥 불쌍하다, 그런 마음이요. 현우 씨는 그리 답했습니다. 제가 다시 물었습니다. 그 아이를, 어떻게 해 주고 싶냐고요.

"그냥, 잘 모르겠어요. 이야기를 들어 주면 되지 않을까요?"

상담을 오는 많은 분들이 공명이 되기 전에는 이렇게 대답하십니다. 들어 주는 것, 경청은 물론 상대에 대한 존중의 기본 중 기본이지만, 우리는 스스로를 치유하기 위해 오지 않았습니까? 여기서는 더 깊게 들어가야 될 필요가 있겠지요. 우리는 이제, 어릴 적의 자신을 사랑해 주는 방법을 배워야 하고, 그래서 마음아이가 더는 그 어둠 속에 멈춰 있지 않고 커 나갈 수 있게 해 줘야 하니까요. 그러려면 지금까지 설명했던 것처럼, 진정한 공감이 필요합니다. 마음으로부터의, 네 마음이 바로 내 마음이 되는, 내가 정말로 너의 편이 되는 진짜 '공명'입니다.

"그럼 만약에, 엄마한테 힘들다고 토로했다고 생각해 볼게요. 그런데 엄마가 들어 주기만 하고 아무것도 안 하면 어떤 느낌일 것 같으신가요?"

"음… 왜 뭔가 안 도와주지? 그런 생각이 들 것 같아요. 좀 더, 위로나 적극적인 표현을 받고 싶을 것 같아요."

"그렇죠, 사실 우리가 어릴 적에 받고 싶었던 건 그런 거예요. 나를 보호해 줄 사람이 없었잖아요. 원래 안정을 주고 사랑을 줘야 하는 사람이 부모님이었는데, 부모님한테 제대로 받지 못했죠. 만약에 진짜 내 아이라고 생각해 보면, 그럼 어떻게 해 줄 거예요? 내 부모님이 나한테 한 것처럼 하고 싶어요? 아니면, 다르게 하고 싶어요?"

그러자 질문을 들은 현우 씨의 눈빛이 깊어졌습니다. 자신의 내면을 들여다보기 시작한, 그런 사람의 눈빛입니다.

"다르게 할 거예요. 절대 저처럼 상처받지 않게 해 줄 거예요. 위로해 주고, 괜찮다고 해 줄 거예요. 힘들지 않게 지켜 주고 싶어요."

필요한 대답이 나왔습니다. 여기까지만 왔으면 공명을 위한 예열이 되기 시작합니다.

"좋아요. 지금 같은 그 마음으로, 힘들었던 일 속으로 들어가 봅시다. 그때의 내가 어떤 마음이었는지 느껴 주고 공감하고, 위로해 줄 거예요. 어떤 일이 가장 힘들었어요? 한 번 떠올려 봅시다."

현우 씨는 이윽고 가장 힘들었던 시절을 떠올렸습니다. 가장 큰 상처는 '수능 시험을 망쳤을 때'라고 하더군요. 그때를 떠올리는 목소리가 한 톤 낮아졌습니다.

"모의고사에서 성적이 낮게 나왔었어요…. 그게 벌써 한 9월 모의고사였으니까…. 11월이 수능인데 너무 무서운 거예요. 그때부터 시험 문제 풀다 보면 자꾸 집중이 안 되고 두 번, 세 번 읽어야 이해가 됐어요. 근데 수능 날이 가까워지니까 미치겠는 거예요."

결국 현우 씨는 역대 최악의 점수를 받았습니다. 성적표를 받아 본 아버지는, 숫자를 보자마자 대뜸, '너 같은 놈도 아들이라고!' 하며 재떨이를 집어 던졌어요. 문에 부딪친 재떨이는 산산조각이 났고, 현우 씨는 어떻게든 만회해 보겠다, 재수를 시켜 달라고 했습니다.

들으면서도 속이 너무나 무거워집니다. 그것을 애써 안으로 삼키고 물었습니다.

"그랬군요. 그때의 마음이 어땠어요? 어떻다고 해요?"

"그냥, 힘들었던 것 같아요, 그때. 좀 비참했던 것 같기도 하고…. 지금 와서 보면 어떻게든 견뎠구나 싶기도 하고요."

조금씩 공명이 되고 있었지만, 조금 더 깊이 닿아야 했습니다. 저는 어떻게 슬프고 힘들고 아팠을지, 마음아이가 듣고 싶었을 법한 말들을 제가 대신 몇 마디씩 꺼내어 건넸습니다. 여러분도 함께 읽었던 그 말들입니다. 내담자들이 가장 많이 하는 이야기들입니다.

"내가 현우 씨라면, 이런 이야기들을 듣고 싶을 것 같아요. 열심히 했는데 아무도 알아주질 않았어? 그래서 너무 속상하고 슬펐지. 아빠한테 칭찬받고 싶어서 노력했는데 주변에선 다들 더 잘하라고만 하고. 완벽해야 한다고 하고. 무섭고 외로웠지. 내가 미안해, 내가 너무 늦게 알았어. 혼자 내버려둬서 미안해, 많이 힘들었지. 그런 말들이 듣고 싶을 것 같아요."

그렇게 마음을 담아 한마디, 한마디 건네자 이야기를 가만히 듣던 현우 씨의 눈에 점점 붉은 기운이 돌더니 한 줄기, 두 줄기 눈물이 흘러내렸습니다. 이거, 우는 게 정상이죠? 울어도 괜찮은 거죠? 하면서 잠시 고개를 숙인 현우 씨는, 잠시 후에야 가까스로 말을 꺼냈습니다.

"맞아요, 맞네요. 저 너무 힘들었어요. 아버지한테 비난당하는 게 너무 무서웠어요."

그렇게 입을 뗀 것을 시작으로, 마치 폭포가 쏟아지듯이 그때의 감정이 쏟아졌습니다.

"저 진짜 너무 외로웠어요. 제 편이 아무도 없는 것 같았거든요. 엄마도 맨날 아버지 눈치만 보고…"

현우 씨는 마치 자신의 안에 그런 감정이 있다는 걸 처음 알게 된 사람처럼 울었습니다. 마음아이에게 처음으로 공명이 된 순간이었습니다.

그렇게 얼마나 지났을까요. 휴지를 쥐여 주고, 잘하셨다고, 어깨를 도닥여 주면서 물었습니다.

"그럼 이제, 다시 눈을 감고 그때의 상황으로 들어가 볼게요. 가서 그때 마음아이가 어땠는지 자세히 들여다봐 주세요."

현우 씨는 고개를 끄덕이더니, 눈을 감고 몸을 이완시키면서, 그때의 까마득한 상황 속으로 빠져 들어갔습니다.

"아버지가 재떨이를 던졌을 때, 마음이 어땠어요? 재수하라고 하고, 그렇게 하니까 마음아이가 어땠다고 하나요?"

공명이 되기 시작한 현우 씨는 어렵지 않게 마음아이의 심정에 닿았습니다. 아까와는 다른 톤의 목소리가 흘러나왔습니다. 깊은, 슬픔의 목소리입니다.

"말하면서도… 너무너무 비참했어요. 그런 말을 해야 하는 것도 수치스럽고, 난 이럴 거면 왜 살지? 하는 생각이 들었어요. 어차피 아버지한테 나는 쓸모없는 아들인데, 그냥 없어져 버릴까? 그럼 편해지나? 싶은 생각도 들었고요. 내가 확 없어져 버리면 아버지가 후회하실까? 그럼 좋겠다. 하는 나쁜 마음도 조금 들었어요."

"그럼, 아이에게 뭘 해 주고 싶어요? 어떤 걸 해 주면 좀 괜찮아질 것 같아요?"

"그냥… 아버지한테, 호통 말고요. 미안하다는 말을 듣고 싶어요. 그동안 힘들게 하고 네 마음을 전혀 알아주지 않아서 미안하다고, 사과를 듣고 싶어요."

아까보다 한층 깊어진 공명이었습니다. 차분히, 집중을 해서 한번 그려내 보자고 했습니다. 아버지한테 사과받는 모습을 만들어 보자고요. 납득이 가는 풍경을 그려 보자고요. 한데 몇 초가 지났을까요, 현우 씨는 눈가를 찌푸렸다가 한숨과 함께 그러더군요.

"안 돼요, 아버지는 누구한테 사과하고 그럴 사람이 아니에요. 상상이 가질 않아요."

이런 경우는 생각보다 흔히 발생합니다. 평생 아버지가 호통을 치고 근엄하고 절대 꺾이지 않는 모습만 보여 왔으니 얼마나 무서웠겠습니까. 절대 넘을 수 없는 산처럼 느껴졌을 거예요. 이런 장벽을 느끼는 분들은 주로 이런 식으로 표현합니다.

- 그럴 사람이 아니다.
- 그런 모습이 상상이 가지 않는다.

자, 다시 복습입니다. 처음 공명을 할 때 뭘 해 줘야 할지 모르겠다면, 신, 혹은 주변인으로 이입하여 해결하는 것으로 이야기했었지요? 상상을 풀어 나가는 것은 기본적으로 두 가지 방법이 있어요.

상황, 사건을 움직이거나, 아니면 관계를 해소하는 것입니다.

1. **상황 해결하기:** 사건과 상황을 움직여서 마음아이가 원하는 상황을 보여 줍니다. 혹시 대상과 깊은 관계가 아니라, 그저 억울하고 화나는 상황이었다면 이것만으로도 풀어질 수 있습니다.

2. **관계 해소하기:** 좀 더 심적으로 밀접한 관계라면, 상대에게서 받고 싶은 행동, 듣고 싶은 말을 들을 수 있게 해 줍니다. 눈물을 흘리며 반성하고 사과하든, 위로하든, 안아 주고 사랑한다고 하든 마음아이가 듣고 싶은 말, 받고 싶은 행동을 하게끔 만

들어 주는 게 중요합니다.

현우 씨의 경우는 1의 '상황 해결'보다는 2의 '관계 해소'에 가깝지요? 이런 경우는, 상대에게 진심 어린 말과 행동을 듣는 것이 가장 중요합니다. 한데 그러기가 쉽지 않다면, 상대가 그렇게 바뀔 만한 상황을 만들어야 합니다. 상대가 원하는 행동을 하게 해 줄 만한 무언가를 움직이는 겁니다.

이건 쉬운 접근을 위한 분류일 뿐, 사실 떠올릴 수 있는 방법은 굉장히 다양합니다. 잘 되지 않는다면, 그렇게 될 만한, 상대가 그렇게 하게 할 만한 대상이나 상황을 가져와도 좋습니다. 상상할 수 있는 그 어떤 도움을 받아도 좋습니다. 내 마음아이에게만은 신이 된 것처럼요.

다만 이 '상상을 동원하는' 부분에서 가장 중요한 건, 공명한 상태에서 마음아이가 원하는 상황을 만들어 주는 것, 마음아이가 받고 싶었던, 원하던 것을 안겨 주는 일입니다. 이성으로, 머리로만 그렇다고 치는 건 마음에 닿지 않습니다. 누차 말씀드린 것처럼 마음아이가 정말로 납득하는 방향이어야 합니다. 감정적으로 고개가 끄덕여져야 합니다. 그저 상상이 아닌, 실체가 있는 환상이어야 합니다. 그래야 제대로 된 치유가 일어납니다.

그렇다면 철옹성 같은 아버지에게서 어떻게 하면 원하는 것을 끌어낼 수 있을까요? 예를 들어 봅시다. 만약 인생에 성공이 가장 중요하고 나머진 아무것도 아니야! 하며 가치 폄하하는 아버지라면, 반대로 그 아버지는 성공의 기준이 흔들릴 때, 평생 가족을 모른 체하며 사업만 일궈 왔다면 그 사업이 흔들릴 때 마음이 약해지겠지요. 그럴 때라면, 깊은 곳에 숨겨져 있던 진심을 조금이라도 내보일 수 있을 겁니다.

현우 씨의 아버지의 경우도 마찬가지입니다. 아무리 강하고 큰 나무 같았더라도 어느 순간에는 약해지거나 흔들리거나, 감정을 드러내는 순간이 있었을 겁니다. 그런 부분들이 중요합니다. 그런 것을 잡고 들어가면 좀 더 쉽게 접근할 수 있습니다.

"아버지가 약해지는 순간이나 상황이 있었나요? 아니면 아버지가 유독 좀 약해지는 사람이 있거나 하지는 않나요?"

"아, 있어요. 유독 어머니한테는 좀 약하세요."

다행히 현우 씨는 빠르게 답을 찾아냈습니다. 아버지는 폭군처럼 살아온 동안 어머니에게 심적인 부담과 미안함이 있었고, 그래서 어머니가 뭐라고 한 소리를 하시면 웬만해서는 거기에 순순히 수긍하셨다는 말과 함께요. 그래서 어머니를 불러 와 보라고 말씀드렸습니다.

현우 씨는 머릿속의 풍경에 어머니를 불러 왔습니다. 어머니는 그동안 애를 그렇게 못살게 굴더니, 왜 나이 먹어서까지 그러냐며 아들의 편을 들었지요. 공명이 되기 시작하자 더 몰입이 되면서, 내가 이런 꼴을 보려고 당신이랑 평생 산 줄 아느냐, 이럴 거면 자기랑 왜 사느냐, 그리 잘나셨으면 나가서 혼자 살아라, 하며 아버지에게 호통을 치셨습니다.

그렇게 공명을 한 채로 머릿속의 상황에 깊이 몰입하기를 한참, 아버지는 마침내 풀이 죽었습니다. 고개를 주억이면서 한껏 누그러진 목소리로 아들에게 그래, 네 엄마가 저러는 걸 보니 내가 잘못했나 보다. 미안하다. 하며 사과하는 모습을 볼 수가 있었습니다. 삶에 최초로, 정말 처음으로요.

아, 하고 탄식하던 목소리가 기억납니다. 선생님. 그리 입을 여는 현우 씨의 눈에 눈물이 그렁그렁했습니다.

"저 아버지에게 한평생, 사과받을 거라고 생각해 본 적이 없어요. 아버지한테 사과를 받을 수가 있는 거였네요. 그걸 직접 보고 나니까, 너무 눈물이 나네요…"

그렇게 말을 맺은 현우 씨는, 그 상태로 한참을 고개를 숙이고 우셨습니다. 저는 현우 씨가 처음으로 감정의 파고를 넘어 자신의 안으로 소화시키는 것을, 찬찬히 지켜보며 기다렸습니다.

공명에 이르러 치유의 첫 단계를 밟는 분들은, 처음 마주하는 감정에 놀라기도, 당황하기도 하지만 결국은 그토록 찾아 헤매던 마음의 해소를 경험하고 오래된 눈물을 흘리곤 합니다. 그런 첫 걸음을 옆에서 함께할 때마다, 저도 참 마음이 깊어집니다.

사실 한 번의 사과를 받는 것은 충분하지 않지요. 상처를 오래도록 받은 마음아이는 더욱 진심 어린 사과, 눈물 어린 사과, 앞으로는 그러지 않겠다는 약속, 나아가 사실은 마음에서부터 우러난 사랑을 받고 싶었을 겁니다. 아버지한테 가치 판단 당하는 대상이 아니라, 내가 잘하든 못하든 그저 받아들여지고, 사랑받는 아이였으면 했을 겁니다.

그럴 때 저는 다시, 이렇게 물어봅니다.

"이제 어떤가요? 마음아이가 그걸로 괜찮다고 하나요?"

"네… 일단은 사과받은 걸로 괜찮은 것 같아요."

"더 원하는 건 없다고 하나요? 아버지한테 사랑받고 싶다고 하지는 않나요?"

이 질문을 드리면 그동안 억울함이나 분노, 슬픔 등에 싸여 있던 겉 껍질이 깨어지고, 그 안에 있던 오래된 마음을 발견하게 됩니다. 사실은 사랑받고 싶었던, 오래도록 버려져 있던 외로움을요. 그리 혼자 틀어박혀 있던 아이를요.

"사랑… 네, 사랑받고 싶었대요. 아버지한테 그냥 인정받고 사랑받는 거요. 맞아요."

사실 모든 이들의 고통의 근원에 있는 것은 채워지지 못한 사랑입니다. 주는 방법과, 받는 방법을 제대로 배운 적 없는, 그러나 만병통

치약인 사랑입니다. 다시 상상 속으로 돌아가, 이번에는 한 단계 더가 보았습니다.

"어떻게 하면 아버지가 사랑한다고 말해 줄 것 같아요? 어떤 상황이면 될 것 같아요?"

"음… 그럼 아버지가 철석같이 믿어 왔던 무력? 권력 같은 거, 그런 게 좀 의미가 없다는 걸 느끼시면 좀 누그러질 것 같아요."

이번에는, 아버지를 장군이라고 떠받들던 이들이 아버지를 떠나는 것을 그려 보기로 했습니다. 다소 마음 아픈 일이기도 했지만, 그런 모습들을 본 아버지는 처음으로 자신이 그동안 진리라 믿어 왔던 것들이 큰 의미가 없는 것이었고, 인생의 최고 업적이라 믿었던 것이 가족보다 중요하지 않다는 것을 느꼈습니다. 현우 씨는 그 속에서 아버지에게, 아버지가 그러는 동안 나는 너무 외로웠다고, 그동안 너무 힘들었다고, 아버지가 나를 대하는 게 꼭 부하 같았다고. 그리 말하면서 울었습니다. 그리고 마침내 아버지에게, 진심 어린 사과와 사랑의 목소리를 들을 수 있었습니다.

"아버지가 미안하대요. 자기가 너무 세상을 좁게 보고 있었던 것 같대요. 진짜 중요한 게 뭔지 몰랐다고, 그렇게 오래도록 혼자 둬서 미안하대요. 사랑하는 방법을 몰랐다고요. 그리고… 사실은 사랑한다고요."

아주 오래도록 기다렸던, 바로 그 말이었어요. 오랜 저주에서 풀어 줄 마법과도 같은, 그 말이었습니다. 이후에 휴지를 몇 장을 썼던 지요. 아, 이번에는 안 울려고 했는데. 하면서도 우는 현우 씨를 보면서 함께 눈시울이 뜨거워서 혼이 난 날이었습니다.

그렇게 현우 씨의 본격적인 첫 치유가 마무리되었습니다.

⌒ 나 혼자 해소했다고 정말 괜찮을까요?

처음으로 공명하여 마음아이가 원하는 것을 해 준 후, 현우 씨는 한결 편해 보였습니다. 그러나 동시에 계속 떠오르는 의문점이 있다고 했어요. 바로, 머릿속으로 자신 혼자 풀었을 뿐인데 그게 실제로 사과를 받은 것은 아니지 않냐는 것이었습니다.

맞는 말씀입니다. 실제 아버지는 집에 계실 테니까요. 그리고 바로 이 부분에 대한 해답이, 제가 계속 이야기해 왔던 뇌의 작동 원리입니다.

뇌는 '감정'을 진짜라고 받아들인다고 계속 이야기했었지요? 아내가 외도한 것 같아서 의심이 드는 남편이 있다고 해봅시다. 생각으로는, 이성으로는 그럴 리가 없어, 내 아내는 그럴 사람이 아니야. 하고 생각하지만 마음은 끝없이 폭풍이 몰아치고 화가 나서 미칠 것 같습니다. 소위 내 마음이 내 마음대로 안 되지요. 즉, 생각만으로 마음을 움직일 수는 없습니다. 이것이 계속 공명을 강조해 온 이유였지요.

편도체에 쌓인 감정을 풀려면, '마음과 생각이 함께' 가야만 합니다. 마음아이에게 공명이 된 상태여야 어떤 상처가 가장 컸는지, 어떻게 아팠는지, 힘들었는지, 정확히 어떤 것을, 어떤 보상을 받고 싶은지 알 수 있습니다. 그게 수반이 되어야만 생각뿐 아니라 마음이 함께 움직입니다. 그렇게 심정의 변화가 일어나면, 자연스레 주변도 그걸 알아차리지요.

사람은 쌍방 소통을 하는 동물이지 않습니까? 관계란, 쌍방 통행입니다. 특히 가족관계는 훨씬 더 긴밀하게 말과 행동, 수많은 신호로 교류하는 관계이지요. 일방소통이 아니기 때문에 어느 한쪽에 변화가 생긴다면, 다른 쪽도 그것을 기민하게 알아채고 반응합니다.

이를테면 사이가 나쁜 부부가 서로 80 정도의 쌓인 분노 수치를 가지고 있다고 해 봅시다. 그럴 경우 80만큼의 화를 표출하고 나쁜 말을 주고받겠지요. 한데 아내가 어떤 이유로 인해 갑자기 감정이 누그러졌고, 그로 인해 평소와 말투, 행동이 달라진다면 어떻게 될까요? 모두가 예상한 것처럼 남편은 그것을 빠르게 알아챕니다. 이 사람 뭐지? 평소랑 다르네. 무슨 일이 있었나?

원래 같으면 톡톡 쏘아 붙여야 하는데, 그러지 않고 순순하게 대답을 해 주거나, 심지어는 자신을 걱정하는 것 같은 말까지 은연중에 하는 겁니다. 자연스레 남편도 괜히 머쓱해집니다. 그러면서 아내의 톤에 맞춰 남편의 분노 반응도 낮아지지요.

직장 같은 곳에서 만나는 공적인 관계는 비교적 얕지만, 대부분의 트라우마나 깊은 문제들은 가족에게서 오는 경우가 99%입니다. 결국은 관계의 문제라는 뜻이지요. 그리고 관계는, 어느 한쪽이 바뀌면 자연히 다른 한쪽도 영향을 받습니다.

아내에게 심경의 변화가 있었던 이유가 센터에서 상담을 받아서라고 해 보겠습니다. 이제 아내에게 쌓인 분노 수치는 50 정도가 되었을 거예요. 공명을 해서 남편에게 사과를 받았고, 그로 인해 감정이 어느 정도 누그러졌을 테니까요. 머리로는 이게 실제랑 다르다고 '생각'하지만, 편도체가 그 '감정'을 '진실'이라 받아들였기에 자신도 모르게 행동과 말투가 달라지는 겁니다. 이에 따라 남편도 유하게 반응하면서, 점점 더 좋은 방향으로 회복이 되는 거지요.

다행히 현우 씨 역시, 이것을 오래지 않아 알아채 주었습니다. 다음 상담 때 다시 온 현우 씨는 약간은 신기한, 다소 들뜬 듯한 얼굴로 이렇게 이야기했습니다. 선생님, 전 아버지가 똑같을 거라고 생각했는데 아니었어요. 희한합니다. 제가 바뀐 건 잘 모르겠는데, 아버지가 저를 대하는 게 조금 달라졌어요. 저는 그 이야기를 들으며 웃었습니다. 치유를 한다는 게 이런 거군요. 정말로 달라지는군요…. 그렇게 조금쯤 감개무량해하는 얼굴 위에 여러 감정이 스쳐 지나가는 것이 보였습니다. 이렇게, 처음에 걱정하시던 분들이 공명과 치유를 무사히 거치고 나면 스스로의 변화에 놀라는 것을 종종 보게 됩니다.

나의 변화가 주변의 변화로

감을 잡은 현우 씨는 이후에 점점 더 다양한 상상을 동원해서 아버지에게 듣고 싶었던 이야기, 받고 싶었던 것들을 받아 나갔고, 그 외의 다른 상처들, 오래된 친구에게 배신당했던 일, 회사에서 발언을 했는데 비웃음을 산 일 등을 순차적으로 치유해 나갔습니다. 그렇게 상담을 할 때마다 몇 번이고 울다가, 웃다가. 그렇게 상담이 8회차쯤 되었던 어느 날, 그렇게 말씀하셨습니다.

"선생님, 사실 저 어제 발표가 있었습니다." 저도 덩달아 귀가 쫑긋해졌습니다. 어때요, 좀 괜찮았어요? 하고 물어보니, "이제 발표를 해도 멀쩡하게 말할 수가 있더라고요. 희한합니다. 사실 그런 걸 느낀 지는 좀 됐는데요. 신기하게 사람들 앞에 서도 예전만큼 떨리지 않더라고요. 이전에는 동료나 부장님이 쳐다보는 시선이 저를 숨막히게 만들었는데, 이제는 그냥… 그냥 보는구나, 싶어요. 진짜 신기합니다."라고 하시더군요. 저는 그 이야기를 들으면서 빙그레 웃었습니다. 근원에 쌓여 있던 아버지에 대한 압박감이 풀어지고, 그와 연계된 다른 부정적인 경험들도 해소되면서 자연스럽게 시선에 대한 압박감도 줄어든 것이었지요.

이제는 사회생활 하는 데 큰 두려움이 없어졌다면서, 주변 동료들이 자신을 대하는 것도 예전에는 오해했던 부분들이 있었음을 알았다고, "사람들은 원래 주로 무표정하더라고요. 예전에는 아버지가 많이 떠올랐는데, 이제 크게 의미 부여하지 않고 할 일만 잘하자 생각합니다. 그러니까 오히려 부담도 줄어들고 발표에 대한 반응도 좋아졌어요."라고 하시더군요.

아버지랑은 요새 좀 어때요? 하고 물으니, 더는 아버지가 밉지 않다고 답했습니다. 아버지에 대한 감정을 풀수록 미움과 억울함이 사그라들면서, 아버지가 똑같이 말하고 행동해도 예전처럼 화가 나지 않았다고 하더군요. 현우 씨가 그렇게 굴자 자연스레 아버지도 머쓱해하시더니, 어느샌가 괜히 조금씩 챙겨 주기 시작하고, 그러면서 관계가 좋아졌다고, 현우 씨는 머쓱하게 웃으면서 그리 말했습니다. 감사합니다, 원장님. 그대로 살았더라면 나중에 분명 후회했을 거라는 생각이 듭니다. 라고 덧붙이는 인사에는 조금쯤 눈물이 나기도 했습니다.

앞으로 긴장될 때마다, 어떤 식으로 두려움을 해소해야 할지 알았다는 이야기와 함께, 그래도 혹시 힘들 때는, 연락드려도 되죠? 하고 묻는 모습에 저는 빙그레 웃으며 고개를 끄덕였습니다. 얼마든지 환영이라고요.

돌아보니 처음 상담을 왔던 때와 얼굴이 참 많이 달라졌더군요. 표정도, 눈빛도 말입니다. 이렇게 사람들이 자신을 괴롭히던 장벽을 넘어서는 순간들을 볼 때, 이 일을 할 수 있어서 참 다행이라는 생각을 하곤 합니다. 이후, 현우 씨는 무사히 평화로운 일상으로 돌아갔습니다.

자신의 이야기로 풀어 보기

현우 씨의 치유의 여정을 함께해 보았는데, 어떠셨나요? 우리의 상처는 다들 조금씩 닮은 점이 있지요. 현우 씨의 치유 여정을 함께 보면서 여러분에게도 적용되는 부분들이 있었기를 바랍니다. 그럼 한 번 더 정리해 보겠습니다.

치유의 뉴런 코딩

1. 공명: 마음아이에 공명하여 신 혹은 보호자의 입장이 되어서 보상을 받아 주겠다고 약속하기

2-1. 상황적으로 풀기: 과거의 마음아이가 상처받고 억울했던 상황을 원하는 대로 바꿔 주기

2-2. 관계적으로 풀기: 마음아이가 원하는 상황을 만들어 감정적

보상을 받아 주기

3. **마음아이가 괜찮아졌는지 확인하기**: 마음아이가 위로받았는지, 편안해졌는지 확인하기

1. 공명

신, 보호자의 입장이 되어서 원하는 보상을 받아 주기로 하는 것은 이전에도 설명드렸었지요? 과거의 상황으로 들어가서, 내가 신이라면, 뭐든지 할 수 있다면 뭘 해 줄 수 있을지, 무엇을 해 주고 싶은지를요.

2-1. 상황적으로 풀기

그럼 다음으로, 마음아이가 상처받고 억울했던 것에 대해 상황을 바꿔 줍니다. 마음아이가 대상에게 마구 화를 내고 감정을 표출하고 싶어한다면, 그렇게 해 주셔도 좋습니다. 못했던 이야기들을 실컷 할 수 있게 도와줘도 괜찮습니다. 더불어 사건이나 상황을 마음아이가 원하는 방향으로 움직여 줍시다. 예를 들면 자신을 왕따시킨 아이가 망신을 당하게 하거나, 응징을 당하게 하는 식이지요. 이 단계는 비교적 가벼운 문제거나, 혹은 심적으로 가깝지 않은 관계의 문제를 풀 때 해당되는 경우가 많습니다. 다시 한번 강조하지만 꼭 공명이 된 상태에서, 마음아이가 원하는 것을 잘 듣고 떠올리셔야 해

소 작용이 일어납니다.

2-2. 관계적으로 풀기

상황 해소만으로 부족한 경우는 주로 가족, 연인 등의 밀접한 관계에 대한 해소가 그렇습니다. 사람에 따라 일차적으로 분노, 억울함 등이 먼저 올라올 수도 있으나, 그 속으로 더 들어가 보면 위로와 사과를 받고 싶은 마음, 더 들어가면 결국 사랑과 지지, 보호를 받고 싶은 마음이 드러나게 됩니다. 이럴 때는 겉을 감싼 강렬한 분노를 어느 정도 풀어내고 나야 감춰져 있던 슬픔과 애정에의 갈구가 모습을 드러냅니다. 사실은 그게 정말로 감춰진 진심인 거지요. 그렇게, 끝내 받고 싶었던 사랑과 인정을 받는 것까지가 해소의 마지막입니다.

3. 마음아이가 괜찮아졌는지 확인하기

제대로 공명이 되었고 감정이 해소가 되었다면, 마음아이의 변화는 즉각적으로 나타납니다. 눈물이 나기도, 해방감이 들기도, 꽉 막혔던 가슴이 풀리기도 합니다.

결국 중요한 것은 마음아이가 그것을 제대로 받아들일 수 있게 해 주는 일입니다.

상황적 접근과 관계적 접근은 사람마다, 상황마다 다르기 때문에 반드시 이래야 한다는 법은 없어요. 그저, 마음아이가 원하는 것에 최선을 다해 귀를 기울여 주시면 됩니다. 그리하여 결국 가장 원하는 보상을 안겨 주는 것. 그것이 가장 중요합니다.

감정이 온전하게 풀리고 나면 자신에게 매몰되었던 시야가 보다 폭넓게 풀리면서 진정으로 대상에 대한 연민이 생기고, 그 입장을 헤아릴 수 있는 여유가 생깁니다. 그럼으로써 대상에 대한 말이나 행동에 변화가 생기게 되는 것이지요. 사실 이것은 어떤 면에서, 내 변화로 인한 상대의 변화, 그로 인해 나에게 주게 될 것을 미리 받는 것이라고도 할 수 있습니다.

다만 주의할 점은, 그래도 아빠, 엄마도 힘들었는데. 하고 이해하고 헤아리려 하는 것을 경계해야 한다는 점입니다. 상대의 입장을 이해하는 것은, 나의 마음에 공명하는 것과는 별개의 일이니까요. 내 감정을 해소하지 않은 상태로 덮어 두고 상대를 헤아리는 것은, 자신의 상처를 내리누르기 때문에 풀리지 않지요. 연민은 대단한 능력이지만, 꼭 내 마음을 먼저 풀어야 한다는 걸 잊지 말아야 합니다.

실사례로 이해하기: 부부관계, 강박증

여기까지 잘 따라오고 계신가요? 열심히 읽으셨다면, 또 이전보다 한 단계 더 나아지셨을 겁니다. 조금쯤 스스로 모르던 감정, 상처 등을 발견하셨을 수도 있겠습니다. 혹은 어쩌면 여전히, 마냥 쉽게 느껴지지 않을 수도 있겠습니다. 당연합니다, 마음아이와 오래 거리를 두고 살아왔으니까요. 소소한 의문점, 자신에 대한 의구심 같은 것이 슬쩍 고개를 들 수도 있겠지만 지금은 잠시 접어 두도록 할까요? 여정을 함께하다 보면 어느 순간에 아! 하고 의문이 풀려 있음을 느끼시게 될 테니까요. 그럼, 지금까지처럼 같이 가 봅시다.

첫 번째 치유 여정은 대단히 중요합니다. 공명이 모든 치유의 베이스라면, 본격적인 뉴런 코딩의 과정은 실제 누적된 트라우마와 감정을 해소하는 것이기 때문에 첫 단추를 잘 꿰어야 이후도 수월하게 이어 나가실 수 있습니다.

　여러분이 좀 더 쉽게 쫓아오실 수 있도록, 한 가지 사례를 더 가져와 보겠습니다. 어쩌면 이 책을 읽는 여러분들 중에 누군가는 비슷한 고민, 경험을 했을지도 모릅니다. 다른 사람의 이야기라고만 생각하시기보단 자신의 경험을 대입하면서 아, 이렇게 푸는구나. 이렇게 하는구나. 하고 따라와 주신다면 더할 나위 없겠습니다.

이혼하기 직전에 마지막으로 와 봤어요

　들뜬 공기가 가득한 금요일 저녁, 한 여자분이 상담실 문을 두드렸습니다. 흥겨운 바깥 공기와 전혀 다르게, 한층 가라앉은 어깨를 하고서 들어온 그분의 첫마디는 이랬습니다. 사실 진짜 고민 많이 했는데요, 선생님. 그리고 이렇게 말을 이었습니다.

　"남편이랑 사는 게 너무너무 힘들어요. 이제는 싸우는 걸 넘어서 제가 문제인 건지 남편이 문제인 건지 모르겠어요. 그래도 마지막 동아줄이라고 생각하고 상담을 받으러 왔어요."

　상담을 하다 보면 부부 사이의 문제로 내담하는 경우가 상당히 많습니다. 그리고 많은 분들이 그렇듯, 소통 방식에 문제가 있어 오는 일이 대다수입니다. 어느 한쪽이 표현을 나쁘게 하거나, 방식이 잘못됐거나, 심지어는 가스라이팅을 하는 경우도 있지요. 둘 사이만의 문제여도 어려울 텐데, 여기에 양쪽 집안 문제까지 가세하면 상황은 더욱 꼬인 실타래처럼 되곤 합니다. 자신을 한지연이라 소개한 그분은 안타깝게도 그 모든 문제를 끌어안은 상황이었습니다. 지연 씨는 한숨을 크게 한번 내쉬더니, 자신의 상황에 대해서 설명하기 시작했습니다.

처음 만났을 때, 남편은 대단히 다정하고 세심한 남자였다고 합니다. 지나가듯 이야기한 것들을 기억해 뒀다가 남몰래 사다 선물해 주고는 했다고요. 그런 모습에 반한 지연 씨는, 이런 남자를 또 어디서 만날까, 싶어 기꺼이 결혼하기로 마음을 먹었습니다.

행복은 오래 가지 않았습니다. 결혼한 지 얼마 안 되어, 남편은 종잇장 뒤집듯 태도를 바꿨습니다. 돈도 못 벌면서 쓸데없는 물건을 산다고 타박하는 것을 시작으로, 나중에는 네가 할 줄 아는 게 뭐가 있냐는 모욕적인 말도 일삼았습니다. 시어머니는 수시로 전화하여 집안 살림에 참견을 했고, 남편이 뭐 하나 실수했다 하면 지연 씨가 제대로 챙기지 않아서 그렇다며 타박하기 일쑤였지요. 나중에는 집안의 중요한 일조차 상의 없이 진행해 버리는 상황까지 갔습니다.

처음엔 지연 씨도 그에 맞서고 부당함을 표출했지만, 시간이 지나면 지날수록 지연 씨의 편이 아무도 없었다고 하더군요. 남편의 형제에 지연 씨의 친어머니까지 다들 입을 모아, 네가 잘못해서 그렇다,

네가 고치면 된다, 네가 유난하다…. 그렇게 이야기했고, 그런 말을 하도 듣다 보니 어느 순간에는, 정말 그런가? 하는 생각이 들기 시작했다고 했습니다.

특히 남편은 그릇을 제대로 씻지 않았다는 지적을 굉장히 자주 했는데, 같은 말을 계속해서 듣던 지연 씨는 설거지에 강박 증세가 생길 정도가 되었습니다. 그릇을 씻어 놓고도 다시 뒤집어 보게 되고, 밖에 나가려다가도 다시 확인하게 되고, 그러다 보면 어느 순간에는 내가 왜 이렇게 됐지? 하는 생각이 들었다더군요. 그 순간엔 참을 수 없는 감정이 밀려와서, 그 자리에 앉아 엉엉 울음을 터트렸다는 이야기를 했습니다. 그러다, 이러면 정말 죽겠다. 이렇게 있으면 정말로 큰일나겠다. 그런 생각이 들어서 왔다고요.

그 마음이 어떤 마음인지 너무도 알아서, 저는 울렁이는 속을 가만히 달래고 지연 씨에게 물었습니다. 상담을 통해서 어떤 답을 얻고 싶으냐고요. 어떻게 하고 싶으시냐고요. 전 사실 이제 포기했는데요, 선생님. 지연 씨가 답했습니다. 남편이 잘못한 게 맞으면 이혼할 수 있을 것 같아서요. 그렇게 허탈한 듯 웃으며 덧붙이는 말이, 그래도, 정말로 제가 문제인 거면 제가 고쳐야 하는 걸 수도 있으니까요. 라고 하더군요.

이런 마음은 얼마나 넉넉하고 귀한 마음일까요. 그 귀한 마음을 위해, 저는 저의 최선을 다하기로 했습니다.

악화된 부부관계 해소를 위한 마음아이 치유

지연 씨의 이야기를 들었을 때는 어느 한쪽이 엄청나게 잘못한 것처럼 보일 수 있지만, 이전에도 이야기해 온 것처럼 관계란 결국 소통입니다. 모든 이에게 좋은 사람도, 모든 이에게 나쁜 사람도 없는 것처럼, 서로 얼마나 잘 맞고 소통이 잘 되느냐의 문제인 거지요.

책임 소재가 누구에게 있느냐를 떠나서, 부부나 연인 관계가 극단적으로 나빠진 경우에는 보통 특정 시작점에서 출발하여 나쁜 쪽으로 주고받으면서 악화해 간 경우가 많습니다. 주로 그 과정에서 각자의 내면에 오래도록 자리해 온 상처들이 자극을 받고, 그걸 방어하다 보니 서로 더 공격하게 되는 흐름인 거지요. 그런 감정들이 켜켜이 쌓이다 보면, 상대방이 원래 어떤 사람이었는지 기억하는 것이 힘들어지기까지 합니다.

그럴 때 상대를 다시 제대로 보려면, 우선 눈을 가리고 있던 것들을 풀어내야 합니다.

지연 씨에게 이런 질문을 먼저 드렸습니다.

"남편을 생각하면 어떤 감정이 드세요?"

지연 씨는 잠시 물끄러미 생각에 잠기더니 답했습니다. 주로 무시당한다는 기분이요. 그게 참을 수 없이 화가 나요, 라고요. 감정표를 체크하면서 나오는 답은 생각했던 것보다 더 깊었습니다. 단순히 화가 난다, 정도의 감정이 아닌 것을 보며 지연 씨의 눈이 동그래졌지요. 감정의 가닥을 정리했으니 관련해서 뭔가 떠오르는 기억이 있는지 물어보았습니다. 역시, 이번에도 가정 환경에서 이어져 온 문제였습니다.

지연 씨의 어머니는 어린 시절부터 지연 씨를 종종 타박했다고 합니다. 뭘 잘하면 잘해서, 못하면 못해서. 공부를 좀 잘하는 것 같으면 여자애가 공부 잘해서 뭐 하냐. 정작 또 뭔가 실수를 하면, 계집애가 그럼 그렇지. 같은 식의 언사를 했다고요. 지연 씨는 그런 것들을 의식적으로 멀리하고 내리누르며 살았고, 무사히 결혼까지 이어졌습니다. 그러나, 슬프게도 새로운 2막이 열리지는 않았습니다.

우리의 상처는 다들 이런 식입니다. 다들 어떻게든 견디려, 지나가 보려, 억누르고 모른 척도 해 보려 애쓰지만 결국 속에 켜켜이 쌓이고 쌓여 우리가 가장 약해졌을 때, 가장 중요한 순간에 고개를 듭니다. 왜 갑자기? 내가 뭘 어쨌다고. 하는 생각이 드는 것도 너무 자연스런 일입니다. 그러나, 대부분의 문제는 무의식 영역에 있는 만큼 이는 사실상 빙산의 일각이지요. 처음 얘기했던 것처럼 이제 겨우 수면 위로 드러났을 뿐입니다. 이제 빙산의 아래로 내려가야 합니다.

지연 씨의 가장 오래된 아픈 기억은, 어머니가 그림을 찢었던 일이었습니다. 처음으로 자신이 잘하는 일을 발견한 어린아이는, 초등학교 백일장에서 무려 금상을 수상했습니다. 상을 처음 받아 보고,

친구들에게 박수도 처음 받아 봐서 뛸 듯이 기뻤지요. 날아갈 것 같은 기분으로 집에 돌아와 엄마, 나 상 받았어! 하고 소리를 쳤습니다.

한데 집안 분위기가 이상했다고 합니다. 어머니는 뭔가 기분 나쁜 일이 있었는지 인상을 팍 쓰고 있었고, 딸이 가져온 상장과 그림을 보더니 그만, 그 자리에서 그림을 갈기갈기 찢었다는 게 아니겠습니까. 너무 놀란 지연 씨는 아무 말도 못 하고 그 자리에 얼어붙었습니다.

그림 따위 그려서 뭘 한다고. 우리 집 돈 없는 거 알아 몰라? 넌 왜 너만 생각하니? 어머니는 그렇게 마구잡이로 화를 내더니, 너네 오빠도 네가 이러고 앉아 있으니까 공부를 안 하는 거 아냐?! 하면서 딸을 방 안으로 확 밀쳐 넘어뜨렸다더군요. 쾅, 닫히는 문을 보던 어린 지연 씨는 태풍이라도 쓸어간 듯 굳어 있다가, 울컥 눈물이 차올랐습니다. 그러고는 찢겨진 그림 조각을 내려다보며 소리도 못 내고 울었다더군요. 나중에 알고 보니 그날 오빠가 성적표를 가져왔는데, 성적이 안 좋았던 거였습니다.

그것이 어찌 어린 딸에게 화풀이할 이유가 될 수 있었을까요? 이야기를 하던 지연 씨의 눈가에 물기가 차올랐습니다. 어름어름한 목소리가 이어졌습니다.

"선생님, 저는 제가, 당연히 칭찬받을 줄 알았어요. 우리 딸이 이런 것도 할 줄 아느냐고, 이런 상도 받았냐고요. 이제 이웃집에도 엄마가 당당하게 자랑할 수 있겠지? 그런 생각도 했었어요."

그리 말씀하시면서 지연 씨의 표정이 허물어졌습니다. 근데, 아니더라고요. 처음부터 저는 귀한 딸이 아니었더라고요. 제가 주제를 몰랐어요. 그리 이야기하시는데 들으면서 어찌나 가슴이 미어지던지요. 눈가가 뜨거워지는 것을 참으며 물었습니다.

"그때의 마음아이에게 어떻게 해 주고 싶어요?"

그러자 잠시 생각에 잠기시더니, 이윽고 눈가가 붉어졌습니다. 그림 계속 그려도 된다고요. 잘했다고요. 너무너무 멋진 딸이라고요. 그런 이야기를 듣고 싶어요. 그렇게 대답했습니다.

그렇게 하자고, 그런 이야기 듣자고. 함께 그 상황 속으로 들어가 보자고 했습니다.

백일장에서 상을 받고 행복하게 집으로 돌아와 문을 연, 바로 그 순간 속으로 돌아갔습니다. 어머니는 역시 이유도 모르게 화가 나 있었고, 넌 어딜 쏘다니다 이제 들어와? 하고 한마디 쏘아 붙였지요. 눈을 감고 있던 지연 씨는, 아, 어떻게 해야 할지 모르겠어요. 엄마가 화난 걸 보면 몸이 굳어요. 그렇게 대답했습니다.

상처를 받은 대상이다 보니 처음부터 수월하게 되지 않을 수 있는 상황이었습니다. 자, 다시 복습입니다. 관계 해소를 하기 위해서는 어떻게 했었나요?

1. 원하는 상황을 만들어 줄 만한 다른 사람을 등장시킨다.

2. 원하는 상황을 만들어 줄 만한 다른 사건을 만들어 낸다.

현우 씨의 사례에서는, 아버지가 유독 어머니에게 약해서, 어머니를 등장시켰었지요.

지연 씨에게, 어떻게 하면 어머니가 좀 말을 들어줄 것 같으세요? 하고 물었습니다. 그런 상황이나 사건을 만들어 보라고요. 잘 모르겠으면 어머니가 중요하게 여기던 것, 강하게 믿던 것들을 생각해 보자고 했습니다. 잠시 고민하던 지연 씨는 어머니가 맨날 공부, 공부 하면서 자식들을 잡았으니, 기대를 걸었던 오빠가 공부를 못하게 된다면 조금 수그러들 것 같다고 이야기했습니다. 실제로 오빠는 공부를 잘해서 결국 의사가 되었지만, 그다지 행복해하지 않는다고 덧붙이면서요.

그래서 그 무렵의 오빠를 데려와, 공부 못하겠다고, 때려치우겠다고 하는 모습을 보여 주기로 했습니다. 공부만 하는 거 하나도 행복하지 않다고, 이제 안 할 거라고요. 오빠가 성적을 망쳐 오자 지연 씨의 생각대로 어머니는 충격을 받았습니다. 하지만 뜻대로 되지 않는다고 우울해하고 너희는 엄마 마음을 모른다고만 할 뿐, 딸에게 사과를 하거나 보듬어 주지는 않았습니다.

우리는 조금 더 가 보기로 했습니다. 한번에 되지 않는다면, 또 그다음을 떠올리면 된다고요. 어머니를 좀 더 움직일 수 있을 만한 사람을 생각해 보자고 했습니다. 그러자 지연 씨가 대답했습니다.

"아… 할머니요. 엄마가 할머니를 원망하면서도 꼼짝 못 하는 게 있어요. 할머니가 엄마를 그렇게 잡았거든요. 아들을 낳으려고 넷째까지 낳았는데 엄마도 딸이어서…"

그 얘기를 듣는데 참 가슴이 수런거립니다. 결국 어머니도 그 어머니에게서 상처를 받은 사람이었습니다.

지연 씨가 말을 이었습니다. 그런데 나이 들고 나서는, 엄마한테 좀 미안해하세요. 그 말에, 저는 할머니를 소환해 보자고 했습니다. 엄마한테 사과하게 해 주고, 그래서 엄마도 좀 마음이 풀리게 해 줘 보자고요.

이윽고 할머니가 나타났고, 할머니는 엄마의 한쪽 팔을 붙들고 어깨를 쥐며 말했습니다. 애야, 내가 미안하다. 내가 잘못했다. 내가 너를 그렇게 키웠다고 너까지 이러면 안 된다. 그러자 지연 씨에게 화를 내던 어머니의 표정이 야차처럼 변하더니, 이윽고, 허리를 숙이며 오열하기 시작했습니다. 그러며 할머니에게 폭포처럼 감정을 쏟아 냈습니다. 엄마는 나한테 왜 그랬어요? 내가 딸로 태어나고 싶어서 태어난 것도 아니잖아! 근데 왜 나한테만….

그렇게 우는 어머니를 보고 있으니, 지연 씨의 눈에서도 눈물이 흘러내렸습니다. 엄마도 그게 상처였나 봐요. 그렇게 말하는 목소리가 꽉 메었습니다. 그렇게 하염없이 눈물이 흐르고, 얼마의 시간이

지났을까요. 상황 속의 어머니는 한참을 오열하더니 다 타 버린 잿가루처럼 조용해졌습니다. 눈물을 닦고서 지연 씨를 보더니, 마침내 이렇게 말했습니다.

"미안하다. 나도 모르게 아들을 잘 키워야 된다고 생각했어. 나도 그런 것 때문에 상처받았는데 내가 너한테 똑같이 했어. 미안해."

그 순간을 기점으로, 지연 씨의 눈에서 눈물이 퐁퐁 쏟아졌습니다. 이게 엄마의 진심이었나 봐요. 자기도 자기가 왜 그런지 모르고 저한테…. 거기까지 말을 맺은 지연 씨는 얼굴을 감싼 채로 한참을 울었습니다. 잠시의 시간이 지나는 동안, 저는 조용히 기다렸다가 다시 말했습니다. 이제 그림 계속 그려도 된다고 말해 주세요. 잘했다고, 상 받은 거 칭찬해 주세요. 그리고 더 나아가서, 사실은 사랑한다고, 말해 주세요.

그러자 지연 씨는 잠시 집중하는 듯하더니, 아, 이제는 돼요. 하고 입을 열었습니다. 이제는 엄마가… 칭찬을 하네요. 잘했다고 하네요. 그렇게 이야기하면서, 한참을 잠겨 있었습니다. 그림 못 그리게 하고, 그러는 게 나를 잘 키우는 건 줄 알았대요. 사실은 널 사랑했는데, 자기도 배운 게 없어서 방법을 몰랐대요. 그렇게 또 한참, 방울진 눈물이 흘러내렸습니다.

몇 분이 지났을까요. 눈을 뜬 지연 씨의 얼굴이 그림자를 하나 걷어낸 듯 맑아져 있었습니다. 조금 후련한 표정으로 지연 씨가 말했습니다.

"저는 엄마한테 칭찬을 들어 본 적이 한 번도 없었던 것 같아요. 칭찬을 받으니까 진짜 이상하네요…. 슬프기도 하고, 그런데 개운하기도 하고요. 거기다 사실은 사랑해서 그랬다는 걸 들으니까… 그냥, 엄마 입장도 좀 이해가 돼요."

이제 좀 어떤 것 같으세요. 쌓여 있던 감정이 좀 내려갔어요? 하고 물으니, 네, 한 반은 내려간 것 같아요. 하고 답을 합니다. 목소리 톤도 처음보다 훨씬 안정되어 있었습니다. 수월하게 첫 단추를 꿴 순간이었습니다.

그렇게 얼마간이 지나자, 어머니와 지연 씨의 관계는 점점 달라졌습니다. 하루는 상담을 온 지연 씨가 이렇게 말을 하더군요. "엄마한테 전화가 왔는데, 평소처럼 저한테 서운하다느니, 뭐가 어떻다느니 하면서 잔소리를 퍼부었거든요. 근데 신기하게 제가 평소처럼 대답을 안 하는 거예요. 아, 그랬어? 응, 알았어. 하고 넘어가게 되더라고요. 또 더 신기한 게, 엄마도 제 대답을 듣더니 바로 목소리가 누그러졌어요. 그래, 엄마가 걱정했어. 하는 식으로… 원래는 항상 뭔가 제 탓을 하거나 비난하는 톤이었는데 다른 화법을 쓰는 거예요. 너 왜 그래? 가 아니라, 네가 걱정돼서 그랬어. 같은 말투를요. 엄마가 그런 말투를 안 쓰거든요. 전화를 끊고 나니까 좀 어안이 벙벙했어요. 이상하다? 왜 평화롭게 끊어졌지. 싶은, 그런 느낌이요."

그 말을 들으며 잘됐다고, 앞으로 점점 더 편해질 거라고 웃음짓던 기억이 납니다. 다행한 일이었습니다. 결국 가장 큰 상처를 안겨주었던 근본적인 대상인 어머니와의 관계가 풀려 가는 것이었으니까요.

자신도 모르게 일어나는 변화

이후 지연 씨는 깊은 상처들을 순차적으로 풀어 나갔습니다.

가장 깊은 곳에 있던 상처는 어머니로부터 받은 '무시, 외면'에 대한 상처였고, 이것이 쭉 이어져 남편과의 관계에도 악영향을 끼친 것이었습니다. 이런 경우 먼저 본인이 괜찮아지는 것이 중요합니다.

자신의 상처를 걷어 내고 나면, 한결 맑아진 시야로 상대를 볼 수 있게 됩니다. 그럼 정말로 알게 됩니다. 서로 어떤 걸 주고받고 있었던 건지, 정말로 나와 맞지 않는 건지, 아니면 정말, 상대가 그냥 나쁜 사람인지요.

어머니와의 상처를 해소한 지연 씨는 학창 시절에 따돌림받은 기억들, 남편과 주고받았던 수많은 상처들도 하나씩 좋은 기억으로 바꿔 나갔습니다. 실체가 있는 상상 속에서 남편에게 사과를 받고, 당신이 어머니 때문에 그런 건 줄 몰랐다, 자신도 힘들어서 그랬다는 위로를 들었지요.

결국 어떻게 되었을까요? 어느 날부터 지연 씨는 이상하게 남편을 봐도 더는 화가 나지 않는다는 걸 느꼈습니다. 스스로가 무던해진 것이 느껴진다고 하더군요. 그러자 놀랍게도, 남편의 태도가 바뀌었습니다. 알고 보니 지연 씨는 무시를 당한다고 느끼자 자신도 똑같이 남편을 무시하는 식으로 응대를 했고, 그러자 남편도 상처에 자극을 받아 점점 더 과도하게 행동했던 것이었습니다. 의식하지 못한 채로 상처의 악순환을 하고 있었던 겁니다.

그걸 깨달은 지연 씨는 습관처럼 하던 나쁜 말들을, 굳이 좋게 바꿔서 한두 마디씩 하기 시작했고, 그러자 미묘하게 기분이 좋아진 남편도 호응하듯 조금씩 더 친절해졌습니다. 그러기를 얼마간 지나자, 드디어 지연 씨의 입에서 이런 이야기가 나왔습니다. 살면서 이렇게 마음 편했던 적이 없어요, 선생님. 저, 이혼하지 않아도 될 것 같아요. 그렇게 말하며 밝아진 얼굴로 웃던 지연 씨의 얼굴이 기억이 납니다.

나 자신 치유하기

자, 함께 치유의 첫 여정을 멋지게 꿰어낸 두 사람을 만나 보았습니다. 어떠셨나요?

어느 정도는 여러분에게도 겹치는 이야기가 있었을지 모르겠습니다. 치유의 여정을 함께하면서 조금쯤 마음이 녹았다면 그것만으로도 이 책은 할 일을 다 한 셈입니다.

두 사례가 모두 원가족과 연결된 깊은 상처였음을 확인하셨을 텐데, 사실 우리 대다수는 어느 정도씩 어릴 적의 상처를 가지고 살아갑니다. 다만 사람마다, 상황마다 드러나는 방식이 다를 뿐입니다.

우리는 트라우마를 꽤 극적인 무언가로 생각합니다만, 사실 트라우마는 깊이와 지속성, 종류가 굉장히 다양합니다. 반드시 깜짝 놀라고 사시나무처럼 떠는 것만이 아니라, 은연중에 이어지는 습관이나 반사 작용까지 트라우마의 일종인 경우가 많습니다.

그러니 이 치유의 여정들을 그냥 읽고 넘기지 마시고, 여러분도 꼭 스스로에게 치유의 여정을 선물했으면 좋겠습니다.

두 이야기를 통해서 여러분에게도 어느 정도의 간접적인 경험이 일어났을 겁니다. 이제 가장 중요한 것이 남았죠. 바로 우리 마음에도 똑같이 적용해 보기입니다. 여러분이 이 책을 읽고 있는 이유이기도 한, '나 자신 치유하기'입니다.

1. 가장 힘들었던 일, 가장 오래된 과거의 기억을 꺼내 와 봅시다. 그리고 내가 신 또는 보호자가 되었다고 생각하고 충분히 공명해 봅시다.

2. 마음아이의 아픔이 잘 느껴지나요? 그 상황에서 아이에게 뭐가 필요한지, 뭘 해 줘야 좋을지 생각해 봅니다. 공명이 잘 되었다면 자연스럽게 바로 떠오를 겁니다.

3. 사건이나 상황을 움직여서 해결해 주거나, 대상에게 원하는 것을 받을 수 있게 도와줘 볼까요?

잘 상상이 안 된다면, 너무 한 번에 해결하려고 하지 않아도 괜찮습니다. 심지어는 어머니나 아버지가 너무 강해서 도저히 누구의 말도 듣지 않는다, 할 경우 신이 나타나서 혼냈다! 조상이 꿈에 나타나서 혼냈다! 하는 식으로도 접근할 수 있습니다. 말씀드린 것처럼 사람마다 조금씩 다르기에 나 자신에게 가장 맞는 방법, 내 마음아이에게 와닿는 방법을 찾아 나가야 해요.

너무 어렵게 생각하지 않으셔도 됩니다. 단계별로 조금씩 접근하는 방법도 있어요. 이를테면 풀고 싶은 대상이 엄마라고 해 봅시다. 쇼핑을 하고 났을 때 유독 기분이 좋고, 관대해질 수도 있겠지요. 그럼 1차적으로는 그런 상황을 가져오는 것도 방법이 될 수 있습니다. 대상이 형제 자매라고 해 봅시다. 배고플 때는 유독 까칠해져서 말을 걸어도 제대로 대답을 안 해 준다면, 상황 속에서 일단 맛있는 걸 먹이고 이야기를 할 수도 있겠지요. 내 말을 잘 들어 주게끔 만들고 나면, 그 다음은 또 조금 더 쉬워질 겁니다.

이 두 가지를 지키면서 상상을 동원해 나가 봅시다.

1. 마음아이가 납득하는, 와닿는 방식으로 하기
2. 한 번에 그렇게 되지 않는다면 단계별로 하기

얼마든지 여러분의 개인적인 상상과 생각을 덧대어도 괜찮습니다. 엄마가 도저히 내가 생각하는 것처럼 되지 않는다면, 지금의 내가 그때의 엄마 속으로 들어가서 엄마인 척을 해 주는 방법도 있겠지요. 스스로가 납득이 되는 게, 마음아이가 받아들이는 게 가장 중요합니다.

가끔 마음이 여리고 심성이 착한 분들은, 이런 상상을 하는 것조차 괜히 죄스러워 할 때가 있습니다. 이런 방법을 쓰는 것은, 사과나 위로를 받기 위해 결국 상대가 어느 정도 마음이 열리고 바뀔 만한 상황이 필요하기 때문입니다. 단순한 예를 들어 보자면, 우리는 보통 큰 병에 걸렸을 때 아이러니하게도 삶이 얼마나 귀한지를 깨닫게 되지요? 위기가 닥치면 그동안 눈을 가리던 것들이 벗겨지고, 오히려 뭐가 중요한지 본질을 직시하게 되는 일들이 생깁니다.

병상에 누워 시한부 선고를 받은 부자가, 결국 다 놓고 가는구나. 이럴 줄 알았으면 가족들하고 시간을 더 보낼걸. 아이들에게 좀 더 잘해 줄걸, 하며 후회하는 상황은 깊이 생각하지 않아도 우리 모두 어딘가에서 보았을 겁니다. 큰병이 있다는 걸 알게 된 가족이, 그 전까지의 갈

등이 언제 그랬냐는 듯 단합하고 의기투합해서 상황을 헤쳐 나가는 일, 고집만 부리던 부모님이 어떤 일로 충격을 받은 후 자신의 잘못을 인정하고 받아들이는 일 등은 어딘가의 이야기, 드라마, 책 속에서도 종종 등장하지요.

이렇듯 사람의 본질은 결국은 위로와 사랑으로의 회귀인데, 그것을 고집과 아집, 방어가 막고 있다면 그것을 넘어서기 위한 상황을 만드는 겁니다. 특히 상대가 자신에게 너무 큰 압박이고 넘을 수 없는 산이었다면, 상상 속에서라도 이겨 보는, 넘어서 보는 경험이 반드시 필요합니다. 그래야 감정이 풀리고 상대를 대하는 실제 태도도 바뀔 수 있습니다. 그러니 혹시나 죄책감을 느끼지 않아도 괜찮습니다. 궁극적인 사랑의 회복을 위한 여정이니까요. 무엇보다, 여러분 자신을 편하게 하는 것이 가장 우선이니까요.

이쯤이면 여러분에게 새로이 생겨난 고민들이 있을 것 같습니다. 그 고민들에 대한 이야기를 바로 이어서 함께 나눠 보겠습니다.

치유 과정에서의 궁금증

우리에게 큰 상처는 주로 가족과 관련되어 있다는 것, 그걸 어떤 식으로 치유해 나가면 되는지 이제 여러분도 감이 많이 잡히셨으리라 생각합니다. 워낙 밀도 높은 내용을 짧게 이야기했기 때문에, 아마 다른 다양한 상황에 대한 의문점이 생기셨을 거예요. 열심히 하셨다면 더욱 생기셨을 겁니다. 의구심이 떠오르거나 질문이 생기는 건 대단히 좋은 일입니다.

내담자들이 종종 하는 말을 정리해 보겠습니다. 아마 여러분의 머릿속에 떠오른 문제도 이 안에 있을 것이라 생각합니다.

1. 저는 사랑받을 가치가 없는 사람인 것 같아요. 스스로의 편을 들기가 어려워요.

2. 대상을 생각하기만 해도 몸서리가 쳐져요. 풀고 싶지 않아요.

3. 당장 풀고 싶은 건 그렇게 깊은 상처는 아닌 것 같아요.

4. (부모님에게 상처 받았지만) 지금은 괜찮아요.

5. 저 혼자 푼다고 의미가 있을까요?

6. 해소가 잘 안 돼요.

1. 저는 사랑받을 가치가 없는 사람인 것 같아요

드물게 치유의 여정에서 이런 이야기를 하는 분들이 있습니다. 그럼 저는, 그분이 왜 사랑받아야 마땅한지, 왜 존재 자체로 귀한지를 정성 들여 설득하고는 합니다.

이런 생각이 드는 것은, 무조건적인 지지를 받아 본 적이 없어서 그렇습니다. 조건이 있어야만 마땅하다고 느끼는 거예요. 착해서, 친절해서, 배려심 넘쳐서, 성실해서, 일을 잘해서. 하지만 여러분, 잘 생각해 봅시다. 지금까지 책을 함께 읽어 오면서 어떤 것을 느끼셨습니까? 수많은 예시의 사람들을 보면서, 여러분은 무슨 생각을 하셨나요. 그래, 그랬구나. 괜찮아져서 다행이다. 주로 그런 생각들이지 않았습니까?

이것이 온정의 기본적인 마음입니다. 이것이, 사람이 사람을 대하는 기본적인 사랑입니다. 여러분께 이것이 있는데, 왜 그것을 스스로에게만은 주면 안 된다고 생각하시나요.

예시의 사람들 역시 여러분과 똑같이 때로 부족하고 때론 약하고 어떨 때는 잘못하고 실수하는 그런 사람들입니다. 아프리카의 아이들을 구하는 데에 이유가 필요할까요? 사랑받고 존중받아야 하는 근거가 있어야 할까요? 사람이 사랑과 존중을 받는 것에는 이유가 필요하지 않습니다.

여러분이 스스로를 사랑할 수 없다, 대접할 수 없다고 느껴진다면 그것은 사실이 아닙니다. 과거의 누군가가 여러분에게 심어 놓은 잘못된 생각입니다. 진실이 아닌 허상입니다.

최선을 다해 공명하세요. 마음아이의 마음이 내 마음이 되도록, 노력해서 손을 붙드세요. 깊게 이입하세요. 공명의 3단계를 기억하시지요? 공명이 될수록, 잘못 입력된 판단이나 생각이 아닌, 오롯한 마음아이의 편이 될 수 있게 됩니다. 마음아이와 가까워지면 가까워질수록 여러분의 마음 속에 있던 의구심은 자연스럽게 사그라들 겁니다.

2. 대상을 생각하기만 해도 몸서리가 쳐져요

말씀드린 것처럼 대부분의 깊은 상처는 원가족에게서 옵니다. 그러나, 여지가 남아 있고 회복의 가능성이 있는 관계가 있는 반면, 도저히 회복 불가능할 정도의 관계들도 물론 있습니다. 이런 경우에는 어떻게 해야 할까요?

정말 생각만 해도 치가 떨리고 아예 떠올리고 싶지조차 않은 대상이라면, 그런 경우에는 다른 방법을 써야 합니다.

여기까지 따라오신 여러분들도 이제 아시겠지만, 결국 자기 자신을 구할 수 있는 것은 자신입니다. 나를 가장 잘 아는 나, 내가 가장 사랑하는 나, 내게 세상에서 가장 귀한 '나'입니다.

지금까지 우리가 배워 온 방법들은, 여러 접근 방식을 통해서 결국 '지금의 내'가 '어린 나'에게 주는 위로와 치유였습니다. 다만 그 안에, 위로와 사랑을 받고 싶었던 대상을 데려왔었지요. 하지만 대상을 데려오고 싶지 않은 상태라면, 내가 직접 나에게 해 주면 됩니다. 위로와 사랑을 주는 대상이, 남이 아닌 나 자신이 되어 주는 것이지요.

어른이 된 자신이 마음 속으로 들어가, 마음아이가 당시에 가장 강하게 느꼈던 마음들, 주된 정서를 들어 주고 어루만져 주고 채워 줍니다.

머리를 쓰다듬어 줬으면 했는데 항상 외면당했다면. 애정 어린 스킨십이 필요했는데 늘 냉랭한 무관심 속에 버려져 있었다면. 인정받고 칭찬받고 싶었는데 항상 아프도록 무시받았다면. 그래서 마음아이가 슬프고 외롭고 힘들었다면, 그 속으로 내가 직접 가서 그 모든 사람들을 대신해 주세요.

내가 공명해서 안아 주고, 쓰다듬어 주고, 편하게 잘 수 있게 해 주세요. 항상 무서워서 잠 못 들었다면, 내가 문을 잠가 주고, 아이의 곁을 지켜 주세요. 무슨 일이 있어도 너를 지켜 줄 거라고, 이제 아무 걱정 하지 않아도 된다고 말해 주세요.

괜찮다고, 내가 다른 사람들을 대신해서 네가 받고 싶었던 걸 전부 주겠다고요, 네가 그렇게 귀한 사람이라고요.

공명과 치유의 원리는 내가 해도, 남이 해도 크게 다르지 않아요. 다만 다른 이를 등장시키는 이유는, 그 대상에 대한 감정을 해소하기 위함이지요. 하지만 그 대상이 더는 해소할 상대가 아니라면 내게 필요한 것을 직접 채워 주면 되는 것이지요.

세상 유일 단 한 사람, 내가 내 편이 되어 주면 충분합니다.

제대로 공명이 되었다면, 아이는 한결 편안해질 것입니다. 이것이 이어지면 진정한 자신감, 자존감이 되고 내 발로 세상에 우뚝 설 수 있는 힘이 됩니다. 마음아이가 괜찮아질수록 오히려 나에게 힘을 보태 준다는 이야기를 드렸었지요. 내가 힘들고 장벽에 부딪친 이유는 오래도록 마음아이를 돌보지 않아서, 그게 한계치에 도달했기 때문이라고요. 그러니 당연히 반대로 하면, 마음아이가 건강해질수록 나는 훨씬 더 강한 힘을 낼 수 있게 됩니다. 어떤 위기가 닥쳐도 괜찮아질 방법을 아니 흔들리지 않게 됩니다. 돌아가는 것 같지만, 가장 빠른 방법입니다. 내가 좋아지려면, 원하는 것들을 모두 해내려면 마음아이를 잘 보살피면 됩니다.

3. 당장 풀고 싶은 건 그렇게 깊은 상처는 아닌 것 같아요

센터까지 찾아오시는 분들은 보통은 심각한 마음의 상처를 안고 오시지만, 또 그렇지 않은 경우도 물론 있을 수 있습니다. 책을 손에 드신 분들 중에는, 비교적 최근의, 덜 깊은 스트레스 요소들을 해소하고 싶은 분들도 분명 계실 거예요.

그렇다면 다행입니다. 깊은 상처 없이, 잘 버티고 계시다는 뜻일 테니까요. 또한 걱정입니다. 어쩌면 스스로를 잘 들여다보지 않아서 둔감해지신 것일까 봐요.

당장의 떠오른, 근래의 문제들에 대해서 해소하고 싶다면 답이 명확합니다. 이전의 두 사례에서, 두 가지 방향을 말씀드렸었지요.

• 상황(사건)적으로 풀기
• 관계적으로 풀기

이런 경우는 주로 상황적으로 풀기에 속합니다.

대상과 그렇게 감정적이고 깊은, 사적인 관계가 아니라면 더욱 그렇습니다. 예를 들어 막말하고 예의 없는 직장 동료에게 스트레스를 받고 있다면. 위로를 받고 싶거나 감정을 주고받는 사이가 되고 싶기보다는, 그냥 그 사람을 혼내 주고 싶은 마음이 크겠지요? 우리 속담에, 뒤로 넘어져도 코가 깨진다고 하는 것처럼요.

순화해서 이야기하자면, 걸어가다 똥이나 밟아라! 같은 마음일 거예요. 물론 내 마음이 힘들 정도라면 이것보다 훨씬 큰 감정이겠지만요.

대상에게 받고 싶은, 느끼고 싶은 것이 정의구현이나 혼이 나는 것, 못된 짓을 하다가 제 꾀에 제가 넘어가는 그런 것들이라면 그것도 좋습니다. 역시 공명해서 마음아이가 원하는 것을 해 주는 원리는 같으니까요. 이때만큼은 죄책감에 스스로를 가두지 말고, 마음아이가 원하는 대로 해 줘 봅시다.

회사 사장님이 나를 막 대하고 갑질을 해서 속상했다면, 상상 속에서는 회사 건물을 무너뜨려 보는 것도 방법일 수 있지요. 그러고 나면 더는 나를 괴롭힐 수 없을 테니까요. 어쩌면 반성을 하고 사죄를 할지도 모르지요. 혹은 사과 같은 게 필요 없다면, 그냥 권선징악 영화를 한 편 찍는 것도 좋은 방법입니다.

영화의 한 장면 같은 모습을 마음아이에게 안겨 주고, 마음에 들어하는지 잘 들여다봅시다. 늘 중요한 건, 그래서 마음아이가 괜찮은 가니까요. 속이 한결 나아졌다면, 성공입니다.

4. 부모님에게 상처 받았지만 지금은 괜찮아요

이런 이야길 하는 분들도 종종 계십니다. 특별히 문제는 없다, 그럭저럭 잘 지낸다, 혹은, 어릴 적에는 상처를 받았었지만, 지금은 괜찮다. 라고 이야기하시는 경우입니다. 그럴 때 저는 이렇게 물어봅니다.

"힘들 때 의지가 되나요? 좀 힘든 일들 얘기하고 속을 터놓을 수 있나요?"

"네, 가끔씩 해요."

"그럼 반응이 어떠세요? 뭔가 위로나 공감 같은 것을 해 주시나 요?"

"어… 사실 별다른 피드백은 없어요. 그냥 힘들다고 얘기하고 끝 이에요."

이렇게, 힘든 사실을 털어놨지만 어떤 정서적 교류는 없었다는 대 답을 돌려주십니다.

이때는 '잘 지낸다'는 것의 기준을 생각해 보셔야 합니다. 어릴 적 부터 공감이나 위로를 주고받은 적이 없었다면 유대감이 쌓인 안정 된 관계라기보다는 거리감이 있는 상태입니다. 어린아이가 엄마에 게 '나 밖에서 너무 힘든 일이 있었어.' 하는데 엄마가 '그래, 알았어. 잘 해결해 봐.'라고 하면 어떨까요? '그럭저럭 잘 지낸다'고 하는 분들 은 너무 오랫동안 이 상태에 있었기 때문에 문제가 있다고 느끼지 못 하셨을 겁니다. 하지만 어린아이를 대입해 보면 어떤가요? 안정적인 유대 관계라면 '그랬어? 너무 힘들었겠다. 엄마가 뭘 도와줄까?'라는 반응이 필요하리라는 것을 알 수 있지요.

정말로 잘 지낸다면, 여러분이 정말 괜찮다고 믿는다면, 괜찮습니다. 하지만 괜찮지 않아서, 견디다가 마음이 힘들어져서 상담을 오시게 되지 않나요. 괜찮지 않아서, 이 책을 집어 들고 계시지 않습니까. 여기까지 멈추지 않고서 따라오지 않으셨습니까.

마음의 상처를 받은 것은 이미 쌓아 올린 탑 아래의 빠진 벽돌과 같습니다. 그 상태로 여러분은 열심히 돌을 쌓아 올려 멋진 탑을 만들었지만, 빈 곳을 다시 채우기는 어렵지요. 문제가 없는 것 같은데 마음이 힘들다면, 사실은 힘들었던 것입니다. 충분히 공감받고 위로받지 못했던 아이를 들여다봐 주어야 합니다. 공명과 치유를 통해 빠졌던 공간이 채워지면 비로소 괜찮아질 거예요.

5. 저 혼자 푼다고 의미가 있을까요?

명확하게 말씀드리고 싶은 한 가지는, 우리가 하는 치유의 여정은 흔히 속된 말로 하는 '정신승리'와는 전혀 다른 영역이라는 겁니다. 정신승리는 사실 마음과 생각이 일치하지 않는 상태를 뜻해요. 마음은 상처를 받았지만 생각으로 합리화하는 것으로, 사실 마음이 정말로 생각의 뜻을 따르지는 않는 상태이지요.

반대로 공명을 해서 마음아이가 원하는 것을 주는 과정은, 단순히 생각이 아닌 마음까지 함께 바꾸는 일입니다. 자연스레 그동안 누적된 감정이 풀리면서 말이나 행동도 바뀌게 되지요.

인간관계는 말씀드렸던 것처럼 쌍방 통행이기 때문에, 한쪽이 변하면 다른 한쪽도 변하는 것이 자연스러운 일입니다. 때문에 웬만해서는 이 방법을 통해서 힘든 관계가 개선되기 시작합니다.

하지만 또 다른 의문이 생길 수 있습니다. 그럼 그 외의 다른 관계들은 어떻게 하지? 하는 의문이 그것일 겁니다. 그렇다면 여기서 중요한 것은 상대가 어떤 사람인가, 하는 거예요. 내가 그동안 쌓인 악화된 감정들을 풀었음에도 상대가 그대로라면, 그것은 상대의 문제입니다. 정말로 그저 상대에게 문제가 있는 것일 수 있어요. 여기서는 그 다음 단계로 넘어갈 필요가 있습니다.

만약 직장 동료나 상사가 그런 사람이라면 이직을 알아보거나 윗선에 상담을 요청하거나 하는 등의, 적극적으로 나를 지키기 위한 행동이 필요합니다. 부모나 가족이라면 나를 보호하기 위해 거리를 두는 등의 선택을 해야 할 수도 있습니다.

다만 행동으로 옮기기 위해서는, 감정에 압도당해 있으면 안 됩니다. 그럼 원래 하려던 목적과 다르게 말실수를 하거나, 감정이 폭발할 수 있어요. 부정적인 방향으로 사고가 흐르기 시작하면 상황을 확대 해석하고 극단적인 상상에 빠지게 될 위험이 생깁니다. 때문에, 상황과 별개로 스스로 해소와 치유를 거치는 것은 어느 순간에든 중요합니다.

이를테면 연애를 할 때 불안할 상태라고 해 봅시다. 남자친구가 단답을 보내면, 뭐지? 무슨 일 있나? 내가 뭘 잘못했나? 라는 생각이

들 겁니다. 하지만 평온하고 행복한 상태일 때 똑같은 답을 받으면, 바쁜가? 이따 전화해 봐야지. 정도로 생각이 그치지요? 불안을 덮어 두었다가 종래에는 이러면 어쩌지? 설마 큰일 생기는 거 아니야? 라는 마음이 드는, 그런 상황을 우리는 살면서 수십 번은 마주했을 겁니다.

시간이 지나 보면 어떻던가요? 상상한 만큼 큰일은 벌어지지 않았지요. 1년이 지나면 어떻던가요. 그때 뭘 걱정했는지 기억도 안 나지 않습니까?

우리의 마음은 끝없이 걱정거리를 만들어 내게끔 이루어져 있습니다. 걱정을 해서 걱정이 없어지면 걱정이 없겠네, 같은 우스갯소리가 나오는 이유이지요. 때문에 온전한 판단과 행동을 위해서는 그 전에 반드시, 치유의 여정을 거쳐야 합니다.

공명과 치유를 거쳤다면 내 안의 쌓인 감정은 해소가 되었을 것이기 때문에 이전만큼 힘들지는 않을 거예요. 이후 계속 스트레스를 받는 상황이더라도, 다시 풀어낼 수 있는 방법을 알고 있기에 상황에 대한 조절력은 많이 향상되었을 겁니다. 이는 제 개인적인 추측이기보다는, 대다수의 내담자들이 전해 주는 이야기이기도 합니다.

마음이 괜찮아지면, 감정을 어느 정도 스스로 해결할 수 있다는 든든한 믿음이 생기면 한결 오롯하고 냉정한 판단을 할 수 있게 됩니다. 직장 상사에게 따지더라도, 마음이 불안하고 이미 질 것 같은 기분으로 애써 따지는 것과, 내가 감정을 어느 정도 해소하고 차분해진 상태로 따지는 것과는 큰 차이가 있지 않겠습니까. 우리가 늘, 차분하고 명확하게 판단하는 이들을 멋지게 생각하고 선망하는 것처럼요. 같은 원리입니다.

이것이, '상황이 해결된 게 아닌데 이게 의미가 있을까요?'라는 오해에 대한 대답입니다.

그러니 스스로를 치유할 수 있는 무기가 손에 쥐어졌다는 것을 잊지 마시고, 능동적으로 상황에 대처해 나가시기를 기원합니다.

6. 해소가 잘 안 돼요

계속 이야기해 왔듯이, 단번에 잘되지 않을 수 있어요. 평소에 얼마나 마음에 관심을 가지고 살아왔는지, 혹은 기질적으로 민감한지, 자신에 대한 연결성이 좋은지 등에 따라 사람마다 편차가 있을 수 있습니다.

더불어, 안 해 본 일이지 않습니까? 뚝딱 해서 해결이 되면 너무나 좋겠지만, 여러분이 깊이 생각하셔야 할 것은, 여러분은 뚝딱 할 만한 대상이 아니라는 겁니다. 여러분이 아이를 키운다면, 대충, 하루 만에 뚝딱, 그리 키우실 리 없지 않겠습니까.

그런 마음으로, 꽃에 물을 주듯이 스스로를 돌봐야 합니다. 이것도 주고 저것도 줬는데 왜 안 괜찮아져? 됐어, 그만할래. 하고 버리시면 결코 안 된다는 뜻입니다. 여러분은 그리 대해도 되는 대상이 아닙니다.

공명이 잘 안 된다면, 감정일기를 꾸준히 적어 주세요. 하다못해 마음이 덜컥 힘들 때라도, 감정표만이라도 체크해 보세요. 힘들어. 스트레스 받아. 이렇게 넘기지 마시고, 마음을 구체적으로 들여다봐야 합니다. 그렇게만 하셔도 마음아이와의 연결이 끊어지지 않게 할 수 있습니다.

이 마음이 무슨 마음인지, 그래서 상황이 어떻게 되었으면 좋겠는지 자주 생각하시면 좋겠습니다. 김 부장이 날 너무 괴롭히네. 회사 가기 진짜 싫다. 라는 마음이 들었다면, 에라이, 큰 실수나 해 버려라. 그래서 사장님한테 호되게 혼나라. 같은 생각으로 연결해 보면 좋겠지요. 회사에 취직 성공했는데 절친이 자꾸 나를 가스라이팅한다면, 축하는 못 해 줄 망정 친구들 앞에서 회사를 까내리고 비아냥댔다면. 아, 속상해. 개랑 계속 친구해야 할까? 내가 뭘 실수했나? 라는 생각에서 멈추지 마시고, 다른 친구한테 예의 없게 군 거 한 소리 들어서 나한테 사과했으면 좋겠다. 이렇게 구체적으로 상상해 보세요.

이렇게만 연습이 되어도, 공명하고 치유하기가 수월해지실 겁니다. 책의 내용을 나침반 삼아서 가급적 다양한 상상을 떠올려 보시면 좋겠습니다.

그리하다가 문득 오늘은 각 잡고 해 보자. 하는 생각이 들 때는 망설임 없이 마음아이를 만나러 가면 좋겠습니다. 이런 것들이 쌓이면, 이후에는 일상에서도 빠르게 바로바로 해소할 수 있는 상태가 됩니다.

상담을 마친 분들이 하나같이 하는 이야기가 있습니다. "저, 이게 무기가 생겼어요. 이제 혼자서도 괜찮을 거라는 자신이 있어요."라고요. 여러분이 꼭 그런 말을 할 수 있게 되기를 바랍니다. 그것이 제 오랜 상담 경험을 오롯이 이 책에 담는 이유이니까요.

4회기:

지속적인
치유를 위하여

자기 자신과 애착관계 맺기

이전 장에서 여러분은 드디어 의미 있는 치유의 경험을 마주하셨을 겁니다. 이 책에서 이야기하는 것은 16년간의 상담에서 건져 올린 핵심들이기에, 당연히 하루 아침에 되지 않을 수 있어요. 손을 놓지 않고 가는 방법을 계속 이야기하고 있으니, 요새 너무 공명을 못 했다, 마음아이를 내버려 두었구나 싶을 때, 혹은 어느 날 갑자기 덜컥 힘들고 울고 싶어질 때 다시 책을 펼쳐 보면 좋겠습니다.

이제는 알게 된 것을 지속 가능하게 만드는 일만 남았습니다. 우리가 배운 치유를 지속적으로 이어 가기 위해서는 크게 두 가지 재료가 더 필요합니다.

나를 위한 '인의예지신(仁義禮智信)'

우리는 숱한 미디어와 책을 통해 '자신을 사랑해야 남도 사랑할 수 있다.'라는 이야기를 접해 왔습니다. 하지만 그런 이야기를 아무리 머리로 알고 있어도, 정말로 '어떻게' 해야 하는지는 어려운 문제였을 거예요.

우리가 지금까지 배운 것은 바로 이 '어떻게'에 대한 대답이기도 했습니다. 우리는 마음아이의 보호자가 되어 주기로 했고, 또 절대적인 신 같은 존재가 되어 주기로 했었지요. 그것은 다르게 말하면, 마음아이를 어른이 된 내가 다시 키운다는 의미와도 같습니다.

처음에 치유의 여정을 시작하기 전 했던 이야기를 기억하십니까? 우리는 스스로 정서적인 기반을 만들어 줄 수 있는 힘이 있다고 했었지요. 지금까지의 이야기는 결국, '자기 자신과 애착관계 맺기'의 과정이었습니다.

상담 초반에는 마음아이가 마음을 잘 열지 않는다거나, 긴가민가 한다거나, 지금의 내가 해 주는 말들을 썩 신뢰하지 않는다거나 하는 경우들이 생길 수 있어요. 이는 마음아이와 나의 관계를 아직 제대로 맺지 않은 상태이기 때문입니다. 안정적인 애착 관계를 위해서는 결국 마음아이가 나를 온전히 신뢰할 수 있게 되어야 합니다.

신뢰라는 것은 어떻게 생길까요? 이미 안정적인 정서 기반이 있는 사람을 기준으로 생각해 봅시다. 저 사람 참 믿음직하다. 신뢰가 간다. 일관성이 있다. 라고 생각되던 사람들은 어떤 특성이 있었나요?

흔히 표현하기로 '기분이 태도가 되지 않는' 사람들, 안정적이면서 예의가 바른 사람들, 이런 사람들을 우리는 주로 믿음직하다고 표현합니다. 누구누구 씨는 입이 무거워서 걱정이 안 돼. 라거나, 누구누구 씨라면 믿을 만해. 같은 말을 듣는 사람들은 다음과 같은 특징이 있습니다.

하나는, 사람에게 호의적입니다. 기본적으로 열린 마음을 가진 느낌이 들지요. 이것은 '인'입니다. 기본적인 인류애라고도 할 수 있지요.

다음으로는, 사람들에게 매너를 지킵니다. 그게 누구든, 상대를 존중한다는 느낌을 줄 겁니다. 이것은 '예'입니다. 그리고 그것을 행동으로 일관되게 옮깁니다. 말뿐이고 행동은 안 하거나, 그런 경우를 보기가 힘듭니다. 오히려 말은 적고 주로 행동으로 보였을 거예요. 이것이 '의'입니다. 맞는 것, 옳은 것을 행하는 힘이지요.

그리고 그 행동을 하는 방향이, 결국 맞았구나, 옳았구나, 하는 느낌을 주었을 겁니다. 네, 마지막, 바로 '지', 지혜이지요. 물론 지혜는 그냥 생겨나지 않고, 경험과 생각을 통해서 생겨납니다. 해서 사람은 단번에 지혜로워질 수는 없지만, 지혜를 향해 계속해서 나아갈 수 있지요.

정리하자면 결국, 인의예지를 갖추는 것이 신뢰로 연결된다는 것을 알 수 있지요. 이는 놀랍게도, 안정적인 애착관계를 형성하는 부모들에게서 볼 수 있는 공통점이기도 합니다. 그리고 사실 우리는 이미, 이같은 과정을 스스로에게 하는 방법을 이전 장까지 배워 왔어요.

마음아이에게 공명하고, 거울을 통해서 위로한 것이 바로 사랑과 배려, '인, 예'였습니다. 그 다음으로 '지'를 해야겠지요? '지'는 지혜, 어떻게 해야 할지 생각하는 것이었습니다. 우리가 2장을 통해 배운, 치유의 여정에서 마음아이가 원하는 것을 해 주는 것, 그러기 위해 뭐가 가장 좋을지 계속 방법을 찾는 것이 바로 '지'입니다. 그것을 머릿속에서 어떻게든 납득이 가게 만들어 보여 주는 것이 바로 행동, '의'였지요.

그러고 나서 마음아이가 괜찮아졌다고 하는 것, 좀 풀렸구나. 위로를 받았구나, 하고 우리가 느끼게 되는 것, 이게 바로 마음아이가 믿음을 느꼈다는 증거, '신'이 이루어진 결과입니다.

나를 사랑하고 배려하는 마음으로 공명하고, 바라는 것을 해 줄 수 있도록 찾고, 그렇게 해 줌으로써 치유되면, 마음아이가 괜찮아졌다고 하는 것. 이 일련의 과정이 모두 인의예지-신으로 이루어진 여정이었습니다.

내가 계속 들여다보고 귀기울이고 원하는 것을 챙겨 줄수록, 성장이 멈췄던 마음아이는 다시 크기 시작합니다. 그리고 정말 보호자를 따르듯이 나를 점점 믿고, 신뢰하고, 사랑하게 됩니다. 그렇게 되었을 때 마침내, 과거의 모든 상처를 털어 버리고 빛나는 모습으로 돌아갈 수 있습니다. 흔히 세상에서 표현하는 '자존감이 높고 안정적인 사람'이지요. 우리 여정의 종착지이기도 합니다.

이때가 되면 우리는 자연스럽게 남들도 어떻게 대해야 할지 알 수 있게 됩니다. 스스로를 챙기고 지킬 수 있게 되면 자연스럽게 사람들을 대하는 것에도 훨씬 여유가 생깁니다. '나를 사랑해야 남도 사랑할 수 있다'는 것의 진정한 의미를 알게 되는 셈입니다.

이 작업이 반복되면 여러분은 결국 예시에서 이야기한 것 같은 그런 사람, '저 사람은 믿을 만한 사람이야', '저 사람은 뭘 맡겨도 괜찮아', '저 사람은 꼭 필요한 사람이야.'라는 이야기를 듣게 될 거예요.

실제로 치유의 여정 끝에 스스로에 대한 믿음이 탄탄해짐으로써 아웃사이더였으나 사회생활을 아주 잘하게 되었다거나, 빠르게 승진했다는 이야기를 전해 주시는 분들도 드물지 않게 있었습니다. 어떤가요? 처음에 여러분에게 이야기했던 것처럼, '정서적 기반은 물질적 문제를 해결할 힘이 있다'는 명제와 맥락이 같지요.

그분들도 여러분과 같이 마음의 고통에 괴로워하던 평범한 한 사람이었습니다. 그러니 여러분도 너무나 당연히 하실 수 있는 일이지요. 이것이 치유 여정의 마지막까지 좀 더 강력한 동기가 되어 준다면 더할 나위 없겠습니다.

치유의 3요소: 생각, 마음, 몸(행동)

아직 남았습니다. 살짝 지루하시더라도 1분만 더 가 볼까요? 이것까지 알면 정말 끝납니다.

치유를 했다면 당장 마음이 해소되는 느낌이 들었을지 모르겠습니다. 너무너무 잘하셨습니다. 여러분이 자랑스럽습니다. 한데, 이제 새로운 의문이 생겼을 수 있습니다. 그 해소 상태가 계속 이어지지는 않네? 하는 게 그것입니다.

당연합니다, 우린 살아온 세월이 수십 년인 것을요. 아무리 마법 같은 해소 방법을 썼다 해도, 20년, 30년 넘은 상처가 뿅! 하고 완전히 사라지지는 않겠지요.

그럼 이제 뭘 해야 할까요? 이어지게 해야겠지요. 지속되게 해야합니다. 이를 위해 다음 챕터에선 그 외의 다른 상처들까지 풀기 위한 다채로운 예시가 구성되어 있습니다.

우선 그 전에, 이 부분을 잘 짚고 넘어가 봅시다. 이걸 이해해야 좋은 상태를 잘 이어 갈 수 있습니다.

깊은 상처를 어느 정도 치유했더라도 부정적 생각은 여전히 틈틈이 우리의 일상을 비집고 들어올 겁니다. 깊든 얕든 부정적인 기억이 있는 모든 상황, 대상, 물건들에서, 비슷한 것을 볼 때마다 마치 두더지 잡기 게임을 하듯이 고개를 빼꼼 내밀 겁니다. 그럼 우리는 의식도 없이 어느새 쳇바퀴 위에 올라타, 그 생각의 물결에 휩쓸려 가고 말지요. 당연합니다. 우리가 살아온 세월만큼 각자의 안에 숱하게 많은 상처들이 있고, 우리는 그걸 저도 모르게 반복해 왔으니까요.

결국 궁극적인 치유를 이어 가기 위해서는, 지금까지 부정적으로 습관화되어 온 생각도 함께 바뀌어야 합니다. 그러기 위해서는, 부정적인 생각이 일어나는 것을 빠르게 알아채고 고삐를 잡을 필요가 있습니다.

⌐ 생각과 마음의 차이

우선 이 이야기를 해야 할 것 같습니다. 여러분, 마음이 무엇이라 생각하십니까? '자라 보고 놀란 가슴.' 여기서의 놀란 가슴이 마음입니다. 무언가를 보고 내 마음 속에, 물결에 파동이 일어났다면 마음입니다. 생각은 무엇이지요? 내 머릿속에서 혼자 굴러가는 상상입니다. 가상입니다. 무엇을 기반으로 혼자 굴러갈까요? 이미 형성된 경험 기반입니다. 경험을 통해 형성된 뉴런의 구조대로 흘러갑니다.

사실 지난 일을 '떠올린다'는 개념은 원래는 아무런 감정이 들어가지 않는 그저 '있었던 사실을 복기'하는 것에 불과합니다. 하지만 거기에 부정적인 감정을 느꼈던 기억이 있기 때문에 자연스레 감정이 함께 떠오르는 게 문제인 거지요.

자라를 봤다면 자라구나, 하고 넘기면 되는데 자라에게 물린 적이 있어! 이번에도 물 거야! 하고 생각하는 것은 '부정적인 사고의 흐름'입니다. 자라가 물 것이라는 생각은 오로지 내 개인적 경험에 기반한 주관일 뿐 사실이 아닙니다. 자라는 그저 자라일 뿐이지요. 하지만 우리는 그걸 알아차리지 못하고, 심지어 불안감이 증폭된 상황에서는 '저 자라는 나를 물 게 분명하니, 내가 먼저 밀어내야겠어.' 하고 생각하기에 이릅니다. 이런 상황에서의 행동은 높은 확률로 잘못된 결과를 낳지요.

부정적인 생각의 고삐를 잡는다는 건 이런 부분입니다. 자라에 대한 상처가 남아 있다면, 당연히 마음아이에게 공명하여 상처를 치유하는 것이 우선입니다. 하지만 어느 정도 풀었음에도 그런 생각이 일어난다면, 그것은 습관화가 된 것이지요. 이미 형성되었던 뉴런의 사고 흐름인 것입니다. 습관화된 것을 의식적으로 방향을 바꿔 줄 필요가 있습니다.

발표를 하는 것에 공포가 있었는데, 공명하여 내면의 상처를 치유했다면 이제 더는 예전처럼 두렵지 않을 거예요. 하지만 그럼에도 여전히 반사적으로, 혹시 사람들이 날 비난하면 어쩌지? 라는 생각이 들 수 있습니다. 이 경우 이것은 습관화된 생각인 거지요. 사고의 흐름이 그렇게 익숙하게 되어 있다 보니 그렇게 흘러가는 겁니다.

이때 의식적으로 알아채고 스스로에게 얼른 이야기해 주셔야 합니다. 아니야, 그거 오해였잖아. 사람들은 널 생각보다 좋게 봐. 따로따로 이야기해 보니 다들 좋은 점을 많이 이야기해 줬어. 그러니 걱정하지 말자! 같은 이야기를 해 주어야 합니다.

누적된 스트레스가 내려간 상태에서는 생각의 고삐를 쥘 수 있게 됩니다. 감정이 쌓인 상태라면 해소를 해야만 고삐를 쥘 수 있지만, 해소해서 많이 풀려 있을 때는 사고의 흐름을 바꿀 수 있는 것이지요. 이때 잡지 않고 내버려 두면 다시 스트레스가 누적되기에 고삐를 놓치기가 쉽습니다. 그러니 눈덩이처럼 불어나기 전에, 얼른 잡아채 주시면 좋겠지요?

아, 그래. 바로 이거였어! 하고 무릎을 탁 치셨을지도 모르겠습니다. 아주 좋은 반응입니다. 아직 하나가 더 남아 있습니다. 우리가 종종 놓치는, 남의 일처럼 뒤로 미뤄 두는 그것, '몸(행동)'입니다.

마음만큼 중요한 몸 챙김

이 장의 제목을 보시면, 생각/마음/몸(행동)이라 되어 있지요? 인간은 영적인 존재, 지적인 존재이면서 또한 신체를 가지고 있는 존재입니다. 건강한 몸에 건강한 정신이 깃든다는 말까지 갈 것도 없이, 다른 사람이 칼에 베인 것보다 내 손톱 밑 가시가 더 아프다는 말까지 갈 것도 없이, 몸이 힘들고 아픈데 정신력으로 버텨내는 것은 매우 어려운 이야기입니다.

생각과 마음을 챙겼더라도, 몸이 힘들면 자연스레 마음도 생각도 부정적으로 변하기 쉬워집니다. 당연히 그것들을 담는 그릇인 몸도 함께 귀하게 여겨야 합니다. 이를테면 일을 너무 많이 해서 번아웃이 왔다고 해 봅시다. 일이 점점 하기 싫겠지요. 마음아이가 너무 힘들어서, '나 하기 싫은 거 그만하고 싶어. 재미있는 거 하고 싶어.'라고 하는 상황일 겁니다.

그런데 공명해서 같이 힘들어해 주고, 울어 주고, 뭐 해 줄까? 하고 물어보고, 마음아이가 하고 싶어하는 퍼즐 놀이 같은 거를 해 주었다고 해 봅시다. 여기까지는 너무나 잘한 일입니다. 하지만, 그렇게 달래 주고 이제 됐지? 하고 일을 하러 가면 어떻게 될까요? 마음아이는 결국 괜찮아지지 않겠지요. 행동으로 이어지지 않았기 때문입니다. 여전히 몸은 아프고 힘들고, 여전히 일을 하기 버거울 테니까요.

결국 그럴 땐 마음이 급하고 불안하더라도, 무조건 하루는 쉬기로 정한다거나, 현실이 허락하는 상황 안에서 최대한 행동으로도 옮겨 줄 필요가 있어요. 이것이, 행동까지 한다는 것의 의미입니다. 마음과 생각뿐 아니라 몸까지 챙긴다는 것의 의미입니다.

이성적이고 의무감과 책임감이 강한 사람일수록, 해야 할 일을 우선하는 사람일수록, 공명과 치유를 배웠더라도 '마음 달래 줬으니까 이제 됐지?' 하고 다시 행동은 반대로 할 수가 있어요. 하지만 몸도 여러분의 소중한 일부입니다.

내가 아무리 마음과 생각을 좋게 바꾸려고 애를 써도 3일간 거의 잠을 못 자고 일만 한 상태라면, 좋은 마음을 먹는 것이 잘 되겠습니까. 혹은, 지금 배탈이 나서 뭘 제대로 할 수 있는 상태가 아니라면 어떨까요? 아무리 좋은 생각을 하려 해도 잘 되지 않겠지요.

이것이 결국 정신력으로만 버티려 하면 안 되는, 생각과 마음과 몸(행동)을 함께 챙겨야 하는 이유입니다.

⌐ 생각, 마음, 몸 중에 무엇이 우선일까요?

그렇다면 생각, 마음, 몸 셋 중에 뭐가 우선일까요? 마음이 중요한 걸 알았다고 해서, 공명을 놓치면 안 된다고 해서 급박한 상황이 닥쳤을 때까지 마음을 먼저 챙기고 있는 것은 어렵겠지요. 우리의 삶이 그렇게 단순하다면 참으로 좋겠지만, 모두 자신의 인생을 책임져야 하는 어른이기에 녹록치 않은 현실이 종종 닥칠 겁니다.

그럴 땐 뭘 먼저 챙겨야 할까요? 답은, 상황에 따라 다릅니다. 뭘 우선해서 해결해야 하는가의 문제입니다. 예를 들어 당장 회사에 큰 일이 터졌다고 해 봅시다. 마음아이는 크게 놀랐을 겁니다. 어쩌면 과거에 관련된 상처나 트라우마가 있어 더 황망하고 정신이 없을 수도 있어요. 하지만 그럴 땐 가급적 최대한 마음아이를 잠시 가라앉혀 놓고, 상황을 먼저 해결해야겠지요. 행동을 먼저 해야 하는 겁니다.

급한 불을 서둘러 끄고 나면, 얼른 여유를 내서 놀란 마음아이를 들여다봐 주어야 합니다. 이럴 때의 주의해야 할 점은, 정신이 없고 여유가 없다고 해서 마음아이를 그냥 내버려 두고 지나가면 안 된다는 점이에요.

의외로 우리의 마음아이가 굉장히 힘이 강하다는 것을, 이제는 여러분도 모두 아실 겁니다. 마음아이를 모른 척하다 보면 그것이 쌓이고 쌓여 오히려 더 힘들어지고, 반대로 마음아이를 잘 챙기다 보면 오히려 그 힘이 나를 도와주고 원하는 것을 이룰 수 있게 해 준다는 것을요.

우리는 이미 오래도록, 나는 나중에 챙기면 돼. 내 마음은 나중에 생각하자. 하는 것이 습관이 되어 왔고 그로 인해 이토록 아프지 않았습니까? 그러니 그 사이에 아이가 외면당하고 억눌리지 않도록, 급한 불을 끄는 대로 얼른 챙겨 주는 것이 중요합니다.

계속 이야기해 온 것처럼, 조금의 순서 차이는 있을지언정 함께 가야 하는 거지요. 다만 무엇이 우선인지에 따라서 나를 지키는 순서가 달라지는 것일 뿐입니다.

⌐변화는 이제 시작입니다

여기까지가 근본적인 상처를 바꾸는 치유법의 기본 프로세스입니다. 여러분이 이 프로세스를 잘 연습하여 몸에 체화하실 수 있게 만들어서, 두 번 다시 상담소를 찾지 않았으면 하는 마음입니다.

약속된 상담을 모두 마친 내담자들이 하나같이 하는 이야기가 있습니다.

"선생님, 저 이제 두렵지가 않아요. 왜냐면 어떻게 해결하면 될지 알겠거든요. 가르쳐 주신 대로만 하면 앞으로 똑같은 일이 생겨도 다 해나갈 수 있다는 자신이 생겼어요."

너무나 좋은 말입니다. 몇십 몇백 번을 들어도 행복한 말입니다. 이런 이야기를 할 때가 됐다면, 우스갯소리로 하산해도 된다는 뜻입니다. 이제 본연의 모습대로 세상으로 다시 나아갈 때가 됐다는 뜻입니다.

저와의 상담이 끝이 난다면 오히려 다행한 일이지요. 다시 찾지 않는다는 것은, 배운 것을 무기로 잘 살아가고 계시다는 뜻일 테니까요. 종종 시간이 지난 후에 전화를 주시는 분들은 또 감사한 일이지요. 요즘도 잘 하고 있어요, 하고 전해 주시는 이야기로 또 보람이 생기니까요.

이런 것들이 제가 16년을 넘게 상담을 지속해 올 수 있었던 힘이었습니다.

아직 끝이 아닙니다. 이후에는, 인지적인 치유보다 한층 깊은 임상 최면에 대해 알려 드리고 넘어가려 합니다. 더 깊은 해소와 치유를 필요로 하시거나, 최면 치유에 대해 궁금하셨다면 함께 봐 주시면 기쁘겠습니다.

그 다음 파트로 넘어가시면 드디어 여정의 마무리, 마지막 상담이 기다리고 있습니다. 지금까지 배운 프로세스를 바탕으로 최대한 다양한 예시들을 정리해 두었습니다. 마음아이가 온전해지도록, 마지막 상담까지 함께 가 주세요.

더 깊은 치유, 뇌가 인지하는 최면 치유법

여기까지의 내용을 잘 소화하셨다면, 핵심 상처가 어느 정도 치유되는 경험을 하셨을 거예요. 하지만 충실히 따라해 봤음에도 한계를 느끼거나, 더 깊은 치유 효과를 필요로 하는 경우가 있습니다. 이번 장은, 그런 분들께 보다 깊은 치유가 가능한 하나의 방편을 알려 드리기 위해 구성하였습니다.

이번 장에 이야기할 주제는 바로 '최면'입니다. 정확히는, 의학최면(Medical Hypnotherapist)이라 불리는 방법이지요. 개념과 함께, 우리가 배워 온 것들과 어떻게 접목할 수 있는지를 알려 드릴 거예요. 지금까지 말씀드린 치유와 다르게 혼자 할 수는 없지만, 평소 최면의 작동 원리에 대해 궁금하셨지만 잘 몰랐던 분들, 혹은 정말 깊은 트라우마를 절실히 해소하고 싶은데 잘 안 되시는 분들께 보다 쉽게 이해할 수 있는 가이드가 된다면 참 좋겠습니다.

뇌의 작동 원리를 활용한 무의식 치유

여러분은 '최면'이라는 단어를 들으면 뭐가 떠오르시나요?

아마 전생을 떠올린다거나, 영적인 계시나 음성을 듣는다거나, 신기한 현상을 볼 수 있게 될 것 같은 그런 이미지를 떠올리셨을 겁니다. 어쩌면 몇몇 분들은 지금까지 과학적인 이야기인 줄 알았는데 갑자기 최면이라고? 하며 다소 뜬금없게 느끼실지 모르겠습니다. 하지만 의외로, 이쪽도 굉장히 명확하고 과학적인 한 분야입니다.

오래전부터 서양권에서는 다양한 종류의 최면 쇼가 공연되어 왔지요. 이는 '최면'이라는 근본적인 원리를 다양한 흥미와 재미를 위해 여러 재료와 버무린 것이라고 생각하시면 될 것 같습니다.

책에서 이야기할 최면은 쇼의 개념과는 다릅니다. 최면에도 여러 가지 응용 방식이 있습니다만, 우리가 쓸 기법은 치유를 위해 쓰는 최면으로 국제 공식 명칭인 'Medical Hypnotherapist'라는 이름을 씁니다. 왜 '메디컬'이라는 단어가 붙을까요? 의사 자격이 있어야 해서일까요? 아닙니다. 말 그대로 '의학적인 상황'에서 쓰이기 때문에 그렇습니다. 한국에서는 '임상 최면' 정도의 단어로 설명할 수 있겠습니다.

　미국에서는 수술실에 임상 최면사가 함께 들어가기도 합니다. 들어가서 뭘 할지 짐작이 가시나요?

　임상 최면을 진행하는 동안, 환자는 몸에 칼을 대고 살을 갈라도 자신이 아프지 않고 편안한 상태라고 믿게 됩니다. 예를 들자면 꽃밭 위에서 들판의 바람을 맞고 있다거나, 바닷가에서 모래 사장에 누워 있다고 믿으며 실제로 그런 감각을 느끼게 되지요. 이는 환자가 아주 편안한 상태에서 수술을 마칠 수 있도록 도와줍니다. 언뜻 거짓말 같은 이야기지요. BBC 다큐멘터리에서는 프랑스 루앙 병원에서의 최면을 활용한 갑상선 수술을 다루었고, 그 외의 다양한 병원들에서도 많은 사례가 있습니다. 이렇듯, 최면은 세계보건기구 WHO에서 공식적으로 인증을 받은 치유 방법이기도 합니다.

　자, 다시 돌아와 보겠습니다.

　우리는 지금까지 뇌의 작동원리를 어떻게 이용해 왔나요? 뇌가 정보를 입력하는 방식을 그대로 이용하여, 뇌를 행복하고 긍정적이 되게끔 믿게 만드는 방법을 썼습니다. 기억나시지요? 여기까지 이야기했으면 어쩌면 눈치 빠르신 분들은 알아챘을 겁니다. 맞습니다. 여기서 이야기할 최면은 우리의 뇌가 긍정적이고 좋은 생각을 하게끔, 기존에 배운 것보다 더 강하고 깊게 유도하는 역할로 활용하는 것입니다.

　인지가 멀쩡하게 깨어 있는 상태에서도 뇌를 납득시키는 방식으로 치유를 하면 효과가 있다는 것을 함께 보아 오셨지요. 여기에 임상 최면을 접목하면, 그 프로세스를 좀 더 깊은 상태에서 진행함으로써 무의식 차원까지 변화를 주는, 훨씬 강한 치유 기법이 됩니다.

인지 행동 치료의 창시자라 불리는 알버트 엘리스(Albert Ellis)가 "최면 상태에서 암시 수용성이 증가하고 사고의 유연성이 일어나기 때문에 피험자의 자기제한적 신념, 역기능적인 사고를 약화시키면서 통찰력 있는 합리적 사고로 변화를 촉진시킬 수 있다."라고 발표한 것은 최면 치료의 두드러지는 특성을 잘 보여 주는 예시입니다.

최면이 대체 무엇이길래 그럴까요? 최면은 기본적으로 '뇌를 속이는 것'이지만, 한 가지가 더 있습니다. 바로 '뇌를 무의식에 가까운 레벨로 안정시키는 것'입니다. 바로 이 부분 때문에 한층 강력한 치유가 가능해집니다. 무의식에 가까운 레벨이란, 여러분이 여기저기서 많이 들어 보셨을 법한 그 상태를 뜻합니다. 바로, '렘(REM)' 상태지요.

⌐렘을 통한 치유의 원리

요즘 사회에는 불면증이 심각한 문제로 대두되고 있습니다. 핸드폰, 하루가 멀다 하고 쏟아지는 자극적인 콘텐츠들, 끝없이 연결되어 있는 SNS는 우리를 점점 더 자극에 노출시키고 도파민에 중독되게 만듭니다. 새벽에 잠을 못 자고 SNS를 보다 보면 우습게도 '이거만 보고 자야지.' 하다가 날이 밝는 밈 같은 것들을 보게 되지요. 유쾌하고 재미있게 풀어냈지만 그만큼 우리의 불안정한 사회상을 반영하는 것이기도 합니다.

수면에 관련해서 흔히 들어 보았을 이야기가 '밤 11시 전후에 잠에 들어서 여덟 시간 이상 숙면을 해야 한다'는 명제일 겁니다. 마치 어딘가의 도시전설처럼, 잘은 몰라도 진실일 거라 생각되는 그런 이야기지요.

이것은 사실입니다. 여덟 시간이라는 기준은, 수면 사이클이 다섯 바퀴 정도 도는 것을 기준으로 합니다. 바로 아래와 같은 그림입니다.

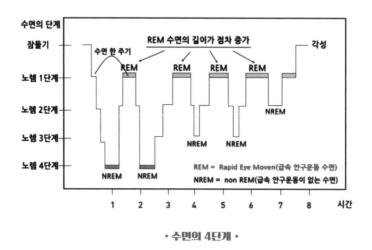

· 수면의 4단계 ·

수면 1단계는 흔히 말하는, 비몽사몽한 상태입니다. 2, 3단계를 4단계까지 들어가면 죽음 같은 휴식 상태가 되고 뇌가 전원을 끕니다. 여기까지 가야 몸이 하루 동안의 피로를 치유하고 신체를 회복할 수 있어요. 그 이후 따라붙는 것이 렘 상태로, 기억을 저장하는 단계입니다. 일단 몸을 먼저 챙기고 기억을 챙기는 것으로 이해할 수 있지요.

여기까지가 한 사이클입니다.

선잠을 자거나 밤을 새우면 급속도로 피곤해지는 것을 느껴 보셨을 텐데, 바로 이 사이클에서 4단계까지 내려가지 못했기 때문에 그렇습니다. 뇌가 전원을 끄지 못하니 몸도 회복되지 않는 겁니다.

자세히 보시면 렘 수면이 총 네 번 반복되는 것이 보이시지요? 이 렘 상태는 수면 전반부일수록 짧고, 뒤로 갈수록 길어집니다. 무슨 뜻이냐면, 잠을 짧게 잘수록 기억을 저장할 시간이 없어진다는 이야기지요. 흔히 '공부해야 한다고 밤 새우지 마라'라는 말은 여기서 나왔습니다. 학습을 했으니 저장을 해야 하는데, 저장할 시간을 주지 않으니 기억이 날아가는 겁니다. 컴퓨터에서 문서 작업을 하다가 저장하지 않고 껐다 켜면 어떻게 되나요? 다 날아가지요. 그래서 정작 출력해야 할 때 문제가 생기는 것입니다.

기억을 저장할 때는 또 중요한 우선 순위가 있어요. 몸을 먼저 치유하는 것을 보면 짐작이 가듯이, 뇌는 주로 '생존'에 관련된 기억을 가장 우선으로 저장합니다. 그리고 이미 우리가 아는 것처럼, 생존에 관련한 기억은 주로 부정적인 감정이 많지요. 경계, 공포, 두려움 같은 것들입니다. 이런 거 조심해야 해! 주의해야 해! 하는 것들을 먼저 저장한 후, 여유가 남으면 그 다음으로 옮겨 가는 거지요.

다음으로 저장되는 것은 '정서적 기억'입니다.

학교 다닐 때 흔히, 저 선생님 수업만 들으면 시간이 어떻게 가는 줄 모르겠어. 하고 느꼈던 경험이 있으실 겁니다. 수업 중간중간 재미있는 농담으로 학생들의 웃음을 터트리거나, 재미있는 일화를 풀어 내서 집중을 잘하게 만드는, 가르침에 뛰어난 재능이 있는 분들이 계셨을 거예요.

돌이켜보면 무조건적으로 머리에 집어넣듯이 암기했던 것들은 시험을 치고 나면 종종 머릿속에서 휘발되곤 하지요? 교과서를 그저 읽기만 하는 선생님의 수업은 지루하고, 잠이 오고, 시험을 칠 때도 억지로 머리를 쥐어 짜서 외워야 했던 기억이 있으실 겁니다. 반면 재미있게 수업하는 선생님에게 들은 것은 심지어 학교를 졸업한 후에도 두고두고 기억이 나기도 합니다. 친구들과 수다를 떨다가, 혹은 어딘가의 모임 같은 데서 반짝 떠올라 자랑스럽게 써먹는 것은 덤이지요.

눈치채셨나요? 이 역시 방금 설명해 드린 것과 같은 뇌의 작동원리 때문입니다. 재밌었던 일, 즐겁고 행복했던 일, 감동받거나 슬펐던 일들이 두 번째 우선 순위이기 때문입니다. 감정적 경험이 수반된 기억은 멀리 갈 것도 없이, 영화 '인사이드 아웃'만 보셔도 바로 알 수 있습니다. 모든 기억이 감정의 색깔별로 저장되지 않습니까?

재미있는 수업이 머릿속에 유독 잘 남는 이유는 바로 그래서입니다. 의외로 대단히 과학적이지요.

마지막으로 저장되는 3순위는 그 외의 학습된 기억들인데, 당연히 정서적 반응, 즉 감정이 수반되지 않은 기억들은 우선 순위에서 많이 밀려납니다. 위에서 이야기했던 재미없는 수업, 단순 암기가 오래도록 기억에 남지 않는 이유가 바로 그래서입니다.

이런 프로세스 때문에, 우리는 잠을 못 자고 수면 시간이 짧으면 점점 기억력이 떨어지고 불안정해집니다. 충분한 회복과 치유를 하지도 못했을 뿐더러, 기억을 저장할 시간도 없으니까요. 생존에 관련된 감정들만 우선 저장하다 보니 자연히 좋은 감정보다는 부정적 감정을 먼저, 많이 저장하게 되겠지요? 그러니 자연스레 무의식에 힘든 감정들이 많이 남게 되면서 정서도 불안해집니다. 결국 공부만 하느라 잠을 못 자는 아이는 생존과 관련된 일들이 우선되면서 점점 더 불안해지고 학습력이 떨어지게 됩니다. 아이러니하게도 잘 시간을 줄여 가며 공부를 하면 할수록 더 못하게 되는 모양새가 되지요.

신기하지 않습니까? 이것이 우리 모두가 흔히 들어 본, '여덟 시간 이상은 자야 한다'는 명제에 대한 배경입니다.

무의식 접근 원리

　최면의 원리가 무의식에 가깝게 접근하는, '렘(REM)' 상태로 내려 가는 것이라고 했었지요.

　렘 상태에서는 흔히 꿈을 꾼다고 알려져 있습니다. 꿈은 온갖 상상과 신기한 것들로 이루어진 마법 상자 같지만, 사실 이것은 단기 기억을 장기 기억, 즉 해마에서 대뇌로 저장하는 과정에 이미지를 편집하고 짜깁기하는 현상입니다. 다만 베이스에 깔린 어떤 감정을 저장하는 중인지에 따라서 꿈의 분위기가 달라집니다. 두렵고 쫓기는 꿈을 꿨다거나 도둑이 드는 등의 꿈을 꿨다면 그것은 부정적 기억을 저장하는 과정에 산출된 이미지입니다. 반대의 경우도 마찬가지지요.

　책에서 이야기하는 최면 치유는 정확히 이 원리를 이용합니다. 뇌 인지 치유법이 부정적 감정 반응을 긍정적 감정 반응으로 바꾸는 것이었지요. 여기에 최면 치유를 접목시키면, 바로 이 렘 상태를 이용해서 부정적인 기억을 긍정적인 기억으로 전환할 수 있게 됩니다. 입력되는 것들이 장기 기억으로 저장되는 상태라는 것은, 반대로 장기 기억에 접근하여 새로 고침할 수 있는 상태라는 뜻이기도 합니다. 바로 이 원리를 이용해서 오래도록 상처로 남은 깊은 아픔을 치유해 내는 겁니다.

　이것이, 최면 치유를 통한 트라우마 해소의 원리입니다. 저는 이 방식을 뇌인지 최면 치유라고 부릅니다.

대표적인 케이스

그럼 어떤 경우들이 있을까요. 반드시 이렇다고 이야기할 수는 없지만, 보통 뇌인지 최면을 통해 크게 개선되는 분들은 다음 같은 경우들이 있습니다.

1. 힘든 기억을 떠올리지 못하는 경우

가까운 사람들과 힘든 일에 대해 털어놓다 보면, 힘들다고 말은 하지만 그에 대해 잘 설명하지 못하는 경우를 많이 보셨을 겁니다. 우리는 이런 부분에 대해서 참으로 오랫동안 모르고 살아왔고, 그걸 표현하는 방법도 깊이 있게 배우지 못했습니다. 그러기는커녕 성적을 잘 내는 데에, 승진하는 데에, 돈을 잘 버는 데에 에너지를 쓰느라 바빴었지요.

가슴 아프게도 상담을 오시는 분들 중에는, 너무 힘든데도 불구하고 그와 관련된 기억을 떠올리지 못하는 분들도 있습니다. 이런 경우 자연스럽게 자신의 감정과 거리가 생기다 보니 스스로의 문제를 다소 제삼자처럼 보게 되기도 합니다. 마치 신경이 무뎌져서 상처가 나고 피가 흘러도 덤덤한 것처럼요. 그런 상처는 보는 사람을 더 마음 아프게 만듭니다.

이런 경우에는 인지적인 치유보다, 임상 최면을 통해 상처받은 기억에 접근하는 것이 훨씬 더 수월하게 문제를 해소할 수 있는 방법입니다.

증상이 있음에도 '저 별로 힘들지 않은데요. 떠오르는 게 딱히 없어요.'라고 하시는 분들께 최면 치유를 썼을 경우, 놀랍게도 단 한 번만으로도 힘들었던 일들을 끄집어 올리실 때가 많습니다. 그럴 때마다 내담자들은 눈이 동그래지면서 '맞아요, 이런 일이 있었어요. 그때 힘들었었어요.'라고 이야기하곤 합니다. 그동안 와닿지 않았던 덕에 막연했던, 수동적이었던 마음이 그걸 발견하게 되는 순간, '스스로를 도와주고 싶어졌어요. 저를 괜찮아지게 만들고 싶어요.'로 바뀌게 되지요. 최면 치유가 빛을 발하는 순간입니다.

2. 인지적인 장벽이 강한 경우

또 하나는, 뇌인지를 통한 치유를 몇 차례 진행했음에도 장벽이 너무 두터워 잘 뚫고 내려가지 못하는 경우입니다. 힘들었던 기억 자체는 잘 떠올리지만, 공명을 하려고 아무리 노력해도 잘 안 되거나, 혹은 수치로 따지자면 20~30% 정도밖에 닿지 못하는 경우가 그렇습니다.

이럴 때 저는 마치 게임의 필살기를 꺼내듯이 최면 치유를 권유하곤 합니다. 처음에는, 괜찮을까요? 하는 의구심과 걱정을 가지고 임

하지만 실제로 받아 본 후에는 깜짝 놀라곤 하지요. 인지 상태에서 하는 것보다 훨씬 더 공명이 잘 되고, 치유가 크게 일어나는 것을 느끼기 때문입니다. 그런 경우에도 '지금까지 하던 것과 느껴지는 게 다르네요. 훨씬 더 마음에 와닿았어요.' 라고들 이야기하곤 합니다. 이 역시 전통적인 심리학에서 이야기하는 최면 치유의 효과입니다.

이후에는 기존처럼 뇌인지 치유를 하더라도 이전과 깊이가 달라집니다. 제대로 공명이 되었고, 그럼으로써 어떻게 낫게 되는지 한 사이클을 직접 경험했기 때문이지요.

3. 트라우마가 깊은 경우

또 하나의 대표적인 케이스는 상처가 너무 강한 경우입니다. 이럴 때는 뇌인지적인, 해수면에 가까운 데서 치유하는 것으로는 뿌리까지 닿지 못하는 경우가 있습니다. 상처의 깊이가 90이라고 한다면, 인지적인 치유로는 깊이가 40~50 정도에서 그칠 때가 그렇습니다. 안타까운 일이지요. 강렬한 트라우마가 있는 게 아니라면 보통은 그 정도 선에서 무난하게 증상을 회복하고 일상으로 돌아가지만, 상처가 깊은 경우에는 결국 그 깊이까지 함께 내려가야만 온전한 치유가 가능해집니다. 인지적인 접근으로는 여러 번을 해야 겨우 풀릴 것이, 최면 치유를 쓰면 한두 번 만에 많이 달라지기도 합니다.

폭력에 대한 깊은 트라우마가 있던 한 내담자는, 남자가 조금 언성을 높이기만 해도 식은땀이 날 정도로 힘들어 했습니다. 저는 최면 치유를 우선적으로 권했고, 6회 정도의 상담이 진행되었을 때는 '조금 놀라긴 하는데 전처럼 막 무섭거나 힘들지 않아요.'라고 해서서 또 제 마음을 울렸지요. 이럴 때도, 최면 치유가 큰 힘을 발휘합니다.

마무리

이런 케이스들 외에도, 불면증으로 고생하다가 최면 치유를 통해 자연스럽게 잠에 들면서 심적인 여유가 생겨 불면증이 낫거나, 아니면 중요한 기억을 잊어버리고 있다가 되찾게 되기도 합니다. 운동 선수들의 경우에는 특정 트라우마 때문에 슬럼프에 빠져 있다가, 최면 치유를 통해서 그를 극복하는 경우도 많습니다. 내담자들 중에는 그런 과정을 거쳐 대회에서 금메달을 따거나 우승한 분들도 있지요.

인지와 최면은 반드시 어느 한쪽이 더 좋다고는 이야기할 수 없어요. 다만, 인지적인 것을 충분히 체득하고 나서 최면 치유를 하게 되면 효과가 극적으로 좋아지곤 합니다. 인지적인 것이 컨트롤의 문제였다면, 최면은 밀도와 깊이의 문제니까요. 뇌 인지적인 치유 여정을 학습한 후에 최면 치유를 병행하게 되면, 깊은 바다에 들어가더라도 헤매지 않고 목적지를 잘 찾아갈 수 있습니다. 이미 치유해 본 경험이 있기 때문에 무엇을 어떻게 찾아 들어가야 할지, 어떤 방법으로 풀어야 할지를 알기 때문입니다.

두 가지는 서로의 약점을 보완하는 힘이 있기 때문에, 내담자의 상황에 따라서 잘 활용할 필요가 있습니다. 저는 이 두 가지를 적재적소에 활용하는 방식으로 전체적인 치유를 진행하고 있습니다.

여기까지가 주요 치유 프로세스 중 하나인 '최면 치유'에 대한 이야기였습니다. 원리를 세세하게 알려 드렸는데, 조금 도움이 되셨나요?

위에도 이야기드린 것처럼 최면 치유를 셀프로 하기는 쉽지 않습니다. 이런 원리구나! 하는 정도로 이해해 주시고, 스스로의 상처를 돌아봤을 때 혹 일반적인 상담으로는 잘 낫지 않았다면 이런 방법도 있구나, 하는 정도로 생각해 주시면 더욱 좋겠습니다. 세상에는 다양한 치유법이 있고, 그중에는 분명 '내 상처'에 맞는, 정말로 나를 도와줄 치유법도 분명 있습니다. 이제 여러분은 그중 또 다른 방법을 알게 되었을 뿐입니다.

PART 3

어둠에서 빛으로,
100일의 변화

체질이 바뀌는 시간,
100일

　우리는 으레 나이가 많을수록, 겪은 일이 많고 파고가 높을수록 상처가 크리라는 짐작을 하는 것 같기도 합니다. 힘든 일이 많았을수록 그와 비례해 힘들지 않을까 하는 생각은 어쩌면 자연스런 추측일지 모르겠습니다. 하지만 제가 16년간의 상담에서 깨달은 사실은, 그런 것들이 경험과 나이 여부와 그다지 관계가 없다는 점이었어요.

　현대에는 많은 이들이 주변인과의 유대가 끊어져 있고, 가족들과의 관계마저 점점 개인화되어 가고 있지요. 우리는 모두 고독한 외딴섬이 되어 가고, '젊은이들의 고독사' 같은 놀라운 단어들이 미디어에, 뉴스 첫 페이지에 떠오르곤 합니다. 아직 어리고 미래가 창창한 이들조차, 심지어 한창 피어나는 꽃 같아야 할 10대의 아이들조차 깊은 마음의 병을 앓는 경우들이 많습니다.

사람의 체질이 바뀌기 위해서 통상 100일의 시간이 필요하다는 사실을 아시나요? 우리에게 흔히 알려져 있는 단군신화를 보면, 곰과 호랑이가 100일 동안 마늘을 먹고 수련을 거치는 것이 나오지요. 호랑이는 뛰쳐나가지만, 그 과정을 끝까지 버틴 곰은 웅녀가 됩니다. 우연의 일치일 수도, 아닐 수도 있지만 참 결이 비슷한 이야기입니다.

바뀌는 시간이 100일이라는 것은 기본적으로 물리적인 체질에 대한 이야기입니다만, 정신적인 체질도 대략적으로 비슷한 시간이 걸립니다. 마음이 아프고 힘든 분들과 이야기를 나누면서 깨달은 사실은, 정말로 변화하기 위해서 걸리는 시간이 약 100일이라는 것이었습니다. 한평생 살아온 시간도, 상처받은 기간도 제각각이지만, 바뀌는 시간은 놀랍게도 100일입니다. 아프고 힘들었던 시간에 대조한다면 꽤 짧은 시간이지요.

통상 공명과 해소를 한 바퀴 돌고 나면, 그 이후부터는 하면 할수록 점점 더 수월해집니다. 공명을 하는 감각도 점점 익숙해지지만, 관련된 부정적인 감정들이 하나하나 힘을 잃기 때문에 그렇습니다. 뇌의 구조로 설명하자면 부정적인 뉴런 구조가 점점 약화되고, 긍정적인 감정 연결이 강해진다는 의미입니다.

빠른 분들은 두세 번만 상담을 거쳐도 스트레스가 많이 내려갔다고 표현하기도 합니다. 예를 들어 배우자와 이혼 위기를 겪고 있는 분이라고 해 보겠습니다. 사실 그 기저에는 아버지, 언니에 대한 상처가 있고 그것들이 배우자와의 관계에도 영향을 끼치는 상태일 것입니다. 처음, 기저에 쌓인 분노 수치를 100이었다고 친다면, 세 번 정도만 치유를 해도 50 정도로 내려갔다는 것을 느낄 수 있습니다. 계속 진행하면서 아버지에 대한 억울함이나 친언니에 대한 화도 어느 정도 풀립니다. 깊은 상처들을 먼저 풀어 나가 6~7회쯤 되면 배우자에 대한 감정도 함께 풀리기 시작하는데, 사이가 조금씩 좋아진다고 하는 것도, 사회생활에서의 태도가 바뀌었다고 느끼는 것도 주로 이때쯤입니다. 눈에 띄게 올라오던 증상이 가라앉고, 어느 정도 이전처럼 생활할 수 있다, 괜찮다고 느끼게 되는 것도 이때쯤입니다. 다만 여기서는 아직 습관화가 되거나 온전히 컨트롤할 수 있는 정도가 되지는 않기 때문에, 이후의 평온하고 행복한 삶을 만들어 가기 위해서는 좀 더 반복이 필요합니다.

이렇게, 온전히 체화되어 치유의 여정이 완전해지는 것까지가 약 100일의 시간이 되는 것이지요.

보통 그 정도가 되었을 때는 처음 왔을 때와 얼굴빛이 많이 달라집니다. 오랜 상담을 해 오면서도 처음과 얼굴빛이 달라지는 분들을 마주할 때마다 참 감회가 새롭습니다. 100일을 잘 버텨 낸 곰이 마침내 동굴 밖 눈부신 햇빛을 마주했을 때의 얼굴이 그러했을까요.

지금까지 책을 따라오신 여러분들은, 이제 필요한 무기들을 모두 손에 쥐었을 것이지만 또한 걸어가다 보면 고민이 되고 힘들어지는 지점들이 나타날 겁니다. 당연합니다, 한 번도 써 본 적이 없는 무기이니까요. 습관화가 되고 체질화가 되기 위해서는 마냥 쉽지만은 않은 노력이 필요합니다. 그러나, 그럼에도 꼭 하셔야 합니다. 항상, 한결같이 이야기하는 것처럼, 여러분은 귀한 존재이기 때문입니다.

이번 장은, 좀 더 수월하게, 등대를 따라가듯 이후의 여정을 가실 수 있도록 준비한 실전 사례들입니다. 핵심적인 상처는 어느 정도 해소되었을지 모르지만, 아직은 풀어야 할 것들이 많이 남아 있을 거예요. 이 장의 내용을 가이드 삼아, 여러분이 지치지 않고 혼자서도 치유의 여정을 끝마치기를 바랍니다.

심호흡 한번 깊게 하고, 마지막 장으로 가 볼까요?

치유의 풀 코스
A to Z

치유 프로세스
한눈에 보기

우리는 지금까지 자신의 마음아이와 공명하는 법, 뇌가 인지하는 방식으로 치유하는 법을 배웠지요. 이것을 A to Z로 한번에 정리해 보겠습니다.

1. 힘들었던 일 리스트 작성하기, 감정표 체크해 보기
2. 마음아이에게 공명하기
3. 거울을 마주하여 스스로를 위로하기
4. 힘들었던 일 리스트에서, 가장 오래되고 깊은 상처를 찾아 들어가기. 깊게 공명해서 마음아이가 원하는 것을 해 주기
5. 이후에는 리스트 하나하나를 순차적으로 풀어 나가기
6. 평상시에 떠오르는 부정적인 사고를 알아차리고 전환하기.
7. 생각과 마음을 바꾸었음에도 상황이 해결되지 않는다면 행동으로 옮기기
8. 일상에서 나를 지키는 선택을 이어 나갈 수 있도록 공명을 습관화하기
9. 힘든 감정이 올라오고 스트레스를 받을 때 품고 있지 말고 얼른

해소하기

10. 건강하고 평온한 일상 영유

1에서 4까지는 이전 장에서 열심히 배워 왔지요? 5부터 10까지가
이것을 여러분의 삶에 안착시키는 과정입니다.

이번 치유의 풀코스에서 다룰 이야기는 바로 5번입니다. 6의 부정
적 사고 알아차리기와 7의 행동으로 옮기기는, 각각 '생각, 마음, 몸'과
'많이 하는 질문들'에서 다시 확인해 주시면 기쁘겠습니다.

8, 9, 10은 온전한 습관화의 영역입니다. 결국 첫 해소부터 시작하
여, 나에게 쌓여 있던 감정적 상처를 단계별로 모두 해소하는 것까지
가 대략적으로 70일, 이후 안착시키기까지, 습관이 되기까지가 30일이
라고 생각하시면 될 거예요.

치유와 해소를 습관화하는 것은 아무리 강조해도 부족하지 않아
요. 하다가 중간에 멈추게 되면, 삶이 바빠서 또 다시 스스로를 내버
려 두게 되면 다시 풀리지 못한 스트레스가 착실하게 쌓이게 됩니다.
다행히도 이전만큼 깊은 곳까지 내려가게 되지는 않겠지만, 계속 모
른 척하면 우리의 귀한 마음아이는 또 모르는 새에 다시 어두운 곳에
틀어박히게 될지 모릅니다. 우리는 그곳에서 마음아이를 꺼내는 데에
부단한 노력을 기울였지 않습니까? 이제 더는 어둡고 우울한 곳으로
마음아이가 틀어박히지 않도록, 항상 밝고 따뜻한 곳에 있도록 살펴

주어야 합니다. 온전한 지지와 사랑을 기반으로 마음아이는 쑥쑥 강해져서, 나의 정서적 기반이 되어 줄 거예요. 세상 어느 누구도 빼앗아 갈 수 없는 그 힘이, 나를 무엇이든 할 수 있게 만들어 줄 겁니다.

⌐ 첫 상담부터 마지막 상담까지

그럼 이제 이쯤 와서, 다시 여러분께 소개시켜 드리고 싶은 사람이 있어요. 길게 풀어 내린 머리와 황망한 표정으로 상담소의 문을 두드렸던 분이죠.

어라, 그게 누구였지? 하실지도 모르겠습니다. 바로, 첫 번째 파트에서 여러분과 함께 상담실에 처음 들어왔던 유진 씨입니다. 직장에서 괴롭힘을 당해 우울증이 왔던, 그래서 우리가 직장 동료가 되어 도와줬던 바로 그 친구입니다. 기억 나시지요?

유진 씨는 여러분과 함께 감정표를 보고, 자신의 마음 지도를 찾아보고, 눈물 흘리기도 했었지요. 그리고 처음의 힘들었던 일 리스트를 순차적으로 풀어 나갔습니다. 여러분이 해 오셨을 것처럼요.

그렇게 수 차례의 상담과 치유를 거쳐 마침내, 마지막 상담이 되었습니다.

우리가 함께 배운 1부터 10까지를 유진 씨는 어떻게 해냈을까요?

3번까지는 이미 여러분과 함께했으니 4번부터 따라가 보겠습니다.

핵심적인 상처는 어릴 적 아버지가 자신을 갑자기 때렸던 일, 그 이후로도 쭉 이어졌던 아버지의 일방적 분노에 대한 두려움과 슬픔이었습니다.

차분히 호흡을 가라앉히고 당시의 상황 속으로 들어간 유진 씨가 가장 먼저 한 일은, 어두운 구석에 숨어 있는 자신을 발견한 것이었어요. 유진 씨는 어린 자신을, 상처받은 채 웅크려 있던 마음아이를 부둥켜안고 몇 번이고 쓰다듬으며 늦게 와서 미안해, 혼자 너무 힘들었지, 내가 몰랐어, 내가 널 그렇게 내버려 둔 줄 몰랐어. 하면서 한참을 울었습니다.

그러고는 그 힘으로 아버지에게 맞섰지요. 마음아이를, 자신의 아이를 지켜야 한다는 것을 느낀 유진 씨는 마치 신처럼 자유롭게 세상을 구성할 수 있는 무대 속에서, 이전보다 단호하게 아버지에게 이야기했습니다. 아버지는 좋은 학위와 성공이 세상 전부인 줄 알고 살았겠지만, 사실은 가여운 분이라고요. 자기 기분 하나 주체 못해서 약한 딸한테 화풀이하는 못난 인간이라고요. 그리고 상상을 동원하여, 아버지가 자신을 돌아볼 수 있을 만한 상황들을 만들어 냈습니다. 바로 아버지의 돈과 명예만 보고 붙어 있던 이들이 떠나게 만든 것이지요. 자신을 따라 줄 거라 믿었던 사람들이 미련 없이 등을 돌리자 아버지는 큰 충격을 받았습니다. 그리고 자신이 믿어 왔던 것들이 허상

임을 비로소 깨달았지요.

　사실 아버지는 불우한 어린 시절을 지냈고, 그러다 보니 지위와 권력이 있어야만 사람들이 자신을 봐준다고 믿게 된 것이었습니다. 하지만 그 속에 아버지가 정말로 찾았던 진실된 마음은 없었지요. 그런 식으로 조건부로밖에 사람을 얻는 법을 몰랐던 아버지는, 유진 씨에게도 똑같이 굴었던 것이었습니다.

　유진 씨는 아버지에게 최초로, 마음 깊은 데서부터 우러난 사과를 들을 수 있었습니다. 자신이 한평생 잘못 살아온 것 같다는 회한과 함께요.

　"아빠가 가슴을 치면서 울어요. 미안하다고, 그런 줄 몰랐다고, 그땐 그게 최선인 줄 알았다고. 저는 평생 아빠를 미워해만 왔었어요. 대화가 안 통한다고 생각했고, 평생 저러고 살 거라고 생각했어요. 그런데 사실은, 아주 깊은 데서는 사실 잘 지내고 싶었어요. 그러면서도 다가가기는 싫었어요. 참으라고 하니까. 맨날 저한테만, 남들 다 잘해내는데 너만 유난하다고 하니까. 전 아무것도 안 했는데, 할 수 있는 게 참는 것밖에 없었는데. 나한테만 맨날 뭐라고 하니까. 그래서 아무 말도 하고 싶지 않았어요."

　그렇게 눈물을 닦으며, 유진 씨가 말을 이었습니다.

　"그런데, 아빠가 사과하니까…. 사과하니까, 마음아이가 그래요. 그렇구나. 알았어. 괜찮아요. 라고요…."

눈물이 끝도 없이 솟아올랐다가 떨어져 내렸습니다. 턱을 타고 뚝, 뚝 떨어져 무릎을 적셨습니다.

"그렇게 많은 상처를 받았는데도, 사과 한마디에, 사과 받았다고, 괜찮대요. 용서해 준대요. 제가 이런 사람이었어요. 너무 마음이 넓은 아이였어요. 이제 알았어요, 제가 누군지, 이제 알았어요."

핵심 상처가 치유된 순간은 종종 이렇게 극적인 변화를 동반하기도 합니다. 자신이 누군지 알았다는 것만큼 귀한 발견이 있을까요? 스스로를 알게 된 사람은 아주 강한 무게추를 가지게 되는 것을요. 웬만한 태풍에는 흔들리지 않을 만큼요. 유진 씨는 그렇게 한참을 울더니 훨씬 개운해진, 전에 본 적이 없던 얼굴로 돌아갔습니다.

이후에는 '리스트 하나하나 순차적으로 풀어 나가기'의 순서였습니다. 리스트에 적힌 대로, 약 6~7주까지는 오래된 기억들 순으로 풀어 나갔습니다.

학교 친구가 잘못했는데 어머니가 자신의 편을 들어 주지 않았을 때는, 어른인 자신이 어머니의 속으로 들어가서 어머니 역할을 대신해 주었습니다. 그 상태로 학교에 가서 마음아이에게만 잘못했다고 몰아붙인 친구를 혼내고, 친구네 어머니와 싸웠지요. 애초에 친구가 잘못한 것을 뒤집어쓴 것이었기에 사실을 바로잡고 강하게 나가니 결국 사과를 받아낼 수 있었습니다. 처음으로 보호를 받은 마음아이가, '엄마, 나 이제 안전해. 이제 안 무서워. 난 이제 자유롭게 세상을 다닐 수 있어.' 라고 이야기했다면서 또 한참을 우셨지요.

성적이 떨어진 걸 공표하며 비웃은 담임 선생님에게 가서 마음아이 대신 따져 주고, 친구들에게 응원과 박수를 받게 해 주기도 했어요. 알바 사장님에게 막말을 들었던 일도, 아주 똑 부러진 친구를 보내서 증거를 만들어 노동청에 신고하게 했지요.

그렇게 외로웠던 마음아이의 보호자가 되어, 힘들었던 모든 상황을 다 해결해 주었습니다. 내가 널 지키겠다는 약속, 나만은 세상이 끝나도 네 편이라는 믿음을 마음아이에게 주었습니다.

그렇게 7주, 8주차가 되자 유진 씨의 상황은 이전과는 점점 달라졌습니다.

마음에서부터 자신이 보호받고 존중받았다고 느낀 유진 씨는, 더는 자신을 향한 적의를 스스로의 문제로 여기지 않았습니다. 혹시 나를 비난하는 건가, 내가 뭘 또 잘못했나? 하는 생각이 들려 할 때마다 아니, 그냥 계속 그런 쪽으로만 사고를 해 와서 습관이 된 거야. 하고 얼른 거리를 두었습니다. 예전에 감정적으로 내몰렸을 때는 그렇게 생각하려 해도 잘되지 않았는데, 이제는 된다고, 감정이 많이 해소되어 그런 것 같다는 말과 함께요. 그럼에도 힘든 일이 있을 때는, 이전처럼 마음아이를 방치하지 않고 저녁에 여유 시간을 만들어 잘 들여다보았습니다. 마음아이가 상처받은 것이 있다면 최선을 다해 위로하고 사랑을 건넸어요.

네, 계속 강조해 온 '습관화 하기', A to Z 리스트의 6-9를 열심히 한 것이었지요.

그러자 어느 순간부터 상사가 모질게 굴어도 어느 정도 흘려 듣게 되었고, 감정적인 업무 지시와 강요에는 자신의 의견을 표현할 수 있게 되었습니다.

처음엔 약간 긴장이 되었지만 신기하게도 예전만큼 압박감이 느껴지거나 두렵지 않았고, 그래서 냅다 이야기해 버렸다고 하더군요. '제가 그런 부분은 해 본 적이 없어서 답답하게 느끼실 수 있지만, 이런 식으로 말씀하시면 제가 어떤 걸 바라시는지 정확히 알기 어렵습니다. 어디를 어떻게 고치면 좋을지 알려 주실 수 있을까요?' 라고요. 그러자 상사가 당황하더니, 멋쩍어하며 말을 얼버무렸다는 것이었습니다. 유진 씨를 대하는 주변 사람들의 반응이 묘하게 달라진 것은 당연했지요. 아. 이렇게 하면 되는구나. 그 순간에 유진 씨가 느낀 것은 해방감이었습니다. 내가 그동안 오래된 감정에 너무나 억눌려 있었구나. 이렇게 말하면 되는 거였구나. 그런 감정이 샘솟았습니다. 원래의 자신이 어떤지, 그래서 어떻게 자신을 드러내야 할지를 정할 수 있게 된 순간이었습니다.

결국 우리의 삶은 과거의 투영이기에, 과거의 감정을 바꿈으로써 마음아이가 괜찮아졌고, 자연스레 그것이 투영되는 현재도 달라진 것이었습니다.

그리고 마침내, 마지막 상담 시간이 되었습니다.

10주차인 마지막 시간에는 크게 이야기할 것이 없었어요. 치유해야 할 상처도 다 풀었고, 이제 유진 씨는 언제든 필요하면 스스로 명상하여 자신의 마음아이와 연결할 수 있게 되어 있었습니다. 힘든 일이 생기면 바로바로 해소해서, 스트레스도 크게 받지 않는 모습이었지요.

더는 제가 없어도, 상담을 받지 않아도 앞으로의 모든 일을 헤쳐나갈 힘이 생긴 듯 보였습니다. 도란도란하게 근황을 나누고, 또 새로 생긴 궁금한 점에 대해 주고받다가, 끝낼 시간이 다가왔습니다.

"이제 또 오지 마세요. 세상이 내 세상이다, 하는 마음으로 하고 싶은 거 다 하시고. 마음아이 항상 챙기는 거 잊어버리지 마시고. 이제 유진 씨 걱정 안 해도 되죠?"

시원섭섭한 마음을 감추고 웃으며 그리 말했는데, 마지막이라 더 그랬을까요. 유진 씨의 눈가가 붉어졌습니다. 윤기가 도는 눈동자로, 유진 씨가 고개를 숙이더니 이런 말을 했어요.

"정말 고맙습니다, 선생님. 말로 다 못할 만큼 감사해요. 전 살면서 제가 이렇게 힘든 것도 몰랐어요. 그게 너무 익숙해서, 다만 다른 사람들은 저같지 않다는 걸 아니까 대체 어떤 느낌으로 사는지가 너무 궁금했어요. 제가 뭘 짊어지고 있는지도 몰랐어요. 그렇게 무거운 줄도 몰랐어요. 그걸 내려놓으니까 제가 좀 살 것 같아요. 제가 숨이 쉬어져요."

그러며 제 손을 꼬옥 붙잡고 이렇게 이야기해 주었습니다.

"선생님, 선생님이 한 사람을 구하신 거예요. 저는 선생님의 일이 세상에 많이 알려졌으면 좋겠어요. 그래서 저 같은 사람들이, 어딘가 있을지 모를 오아시스를 찾아 헤매는 사람들이 선생님을 알고 찾아올 수 있으면 좋겠어요. 제가 그토록 오래 찾았던 것처럼요. 그래서 사람들이 달라질 수 있다는 걸 믿을 수 있게 됐으면 좋겠어요."

그 말을 듣는데, 어찌나 눈물이 나던지요. 상담을 하면서 제가 그렇게 아픈 거였군요. 제가 어찌 살았을까요? 하면서 눈물을 끊임없이 닦아내시던 모습이, 그러고도 또 퐁퐁 솟아나는 눈물이 저 어딘가에 있는 깊은 바다 같아서, 끝없이 퍼올려도 퍼올려도 마르지 않는 눈물 같아서 가슴이 미어졌던 순간들이 스쳐 갔습니다.

오래전에 스스로를 구할 방법을 찾아 뛰어다니던 제가 떠올랐습니다. 심리학을 처음 공부했을 땐 그걸로 나을 줄 알았고, 수많은 분들을 찾아 다니며 물었지만 더는 해 줄 게 없다는 말만을 들었던 제 젊은 날이 떠올랐습니다. 제발 누군가, 무언가가 있었으면, 그래서 이 고통을 조금이라도 덜 방법을 알았으면. 그렇게 또 다음 퍼즐 조각, 다음 퍼즐 조각을 찾아 나서다가 마침내 제 자신을 들여다볼 수 있게 되었을 때.

저는 아주 깊고 깊은 지하에 홀로 박혀 있는 어린아이를 발견했습니다. 넝마 같은 옷을 입고 혼자 웅크리고 울고 있는 아이를요. 너무나, 정말 너무나 불쌍한 아이를요. 저는 아이를 보자마자 망설일 틈도 없이 구해야 한다, 고 생각했습니다. 이유도 근거도 필요도 아무것도 없었어요. 그저 구해야 한다고 생각했습니다. 어떡해야 하지? 조금 더 밝고 따뜻한 데로 데려가려면. 천장을 팠습니다. 맨손으로 파고, 또 파고, 또 파고, 또 팠어요. 몇날 며칠을 팠습니다.

마침내 바늘 같은 빛이 들었어요. 마침내, 동굴을 뚫고 나온 것이었습니다. 아이를 안고서 위로 발을 디디니, 그곳은 놀랍게도 에베레스트 산의 정상이었습니다.

그렇게 까마득한 곳에서 끄집어낸 제 마음아이를, 따뜻한 옷을 입히고, 햇빛을 쬐게 해 주고, 괜찮아질 때까지 한참을 끌어안고 있었습니다.

마음아이가 처음으로 웃을 수 있게 되었을 때, 그때부터가 제가 온전히 저로서 살기 시작한 첫날이었습니다. 가장 처음, 세상에 오롯이 발을 디딘 것 같은 첫날이었습니다.

이전에, 왜 치유를 해야만 하는지, 치유를 거친 이후가 어떻게 달라지는지에 대해 이야기했던 것을 기억하시나요? 많은 분들이 마음아이와 연결되고 치유됨으로써 정서적인 안정을 찾자, 더는 자신을 향한 부당함을 억지로 견디지 않게 되고, 자신의 가치를 믿게 되고, 사람들을 대하는 게 수월해지면서 자연스레 온전하고 당당한 모습이 되어 갔다는 이야기를요. 거기서 멈추지 않고, 깊은 상처와 이어져 있던 약점들을 극복하게 되면서 극적인 상황에서도 성과를 이루어 낼 수 있는 모습으로 거듭나게 된 일들을요.

자, 이제 다시, 여러분의 차례입니다.

여러분과 함께 왔던 유진 씨가 졸업했으니, 이제 여러분이 졸업할 차례입니다. 남은 과제들을 해결할 준비가 되셨나요? 마침내 괜찮아져서 이 책을 닫을 수 있도록, 결국은 이 책 없이 능히 일상을 끌어 갈 수 있도록, 그렇게 구성한 마지막 파트입니다.

그럼 마지막 실전을 향해, 가 볼까요?

실전: 사례로
연습하기

나와 닮은 사례
찾아보기

본격적인 풀 코스에 들어가기 앞서 간략한 순서를 짚어 보겠습니다.
주로 어린 시절의 가족관계에서부터 상처를 풀어 나가야 한다고 했
었지요. 대부분의 경우 해소해 나가는 순서는 다음과 같습니다.

- 가족관계 상처(아빠, 엄마, 형제자매)
- 학창시절 상처(친구, 선생님, 그 외)
- 사회생활 상처(회사, 그 외)

이번 장은 바로 이 순서대로 챕터가 구성되어 있습니다. 순차적으
로 따라가면서 아직 다 해소하지 못한 상처들을 함께 해소해 나가실
수 있게 만들었습니다. 아마 여러분이 작성했던 '힘들었던 일 리스트'
도 비슷한 순서일 거예요.

가족관계 챕터에서는 가족에 대한 것을 가장 먼저 해소하고, 이후
학창시절의 상처는 여러분의 학창시절 때 받았을 법한 상처들, 마지막
으로 사회생활에서의 상처까지 해소해 나갈 겁니다.

각 챕터는 16년간의 상담에 기반하여, 가장 교집합이 크고 자주 겪

는 사례들을 선별하였습니다. 더불어 각각을 어떤 방식으로 해소할 수 있었는지 정리되어 있습니다.

예를 들면 아버지에게 상처를 받은 분들의 경우 폭력적인 아버지, 무관심한 아버지인 경우가 가장 많았고, 대상이 어머니라면 가스라이팅을 일삼고 이기적인 어머니, 자식을 통제하고 본인 마음대로 하려하는 어머니인 사례가 가장 많았습니다. 마음 아프게도 비슷한 세대의, 어느 정도 닮아 있는 상처들인 셈입니다. 그렇기에 반대로 책을 손에 드신 여러분과도 어느 정도의 교집합이 있는 상처들일 거예요.

이를 기준 삼아, 가급적 여러분에게 가장 익숙한, 가까운 상처의 교집합을 찾아봐 주세요. 그렇게 해서 나와 비슷한 사례인지, 어떤 식의 해소 방법을 썼는지 자세히 들여다봐 주세요. 마음이 훅 와닿고 그래, 나도 이랬었어. 이 사람도 그랬구나. 하는 예시가 있다면 그것이 여러분의 비교 답안지입니다.

각 사례별의 항목은 다음과 같이 구성되어 있어요. 우리가 지금까지 배운 것들을 응용하기 쉽도록 구성했습니다.

• **증상:** 우울, 공황, 강박 등 어떤 어떤 증상으로 나타났는가의 여부입니다. 문제를 인식하게 된 단서라고 생각하셔도 됩니다. 증상이 비슷하다 하여 해소 방법까지 같은 것은 아니지만, 어느 정도의 접점이 있다는 정도로 생각하고 보시면 좋겠습니다.

- **연결고리:** 어떤 과거로 인해 증상이 나타나게 된 건지를 보여주는 연결고리입니다. 보통 내담자와의 대화를 통해 찾아 들어가지만, 빠른 이해를 위해 사례에서는 간략화되어 있습니다. 트라우마, 핵심 상처와 밀접한 연관이 있습니다.

- **힘들었던 일:** 우리가 작성했던 바로 그 힘들었던 일 리스트 중의 하나예요. 가족의 경우 아빠, 엄마, 형제에게 상처받았던 구체적인 일, 사건을 이야기합니다.

- **당시의 감정(인/예):** 지금껏 많이 연습해 왔지요? 당시의 감정이 어땠는지, 마음아이에게 공명하여 세세하게 느껴 봅니다. 스스로에 대한 사랑과 배려를 담는 부분입니다.

- **감정표 체크:** 해당 감정에 맞춰 감정표에 체크합니다. 감정이 더 구체적이고 선명해지면서 어떻게 해 주고 싶은지 또렷해질 거예요.

- **바라는 것(지):** 공명한 상태를 유지하면서, 당시 상처받은 마음아이가 뭘 원하는지 자세히 들여다봅니다. 위로를 받고픈지, 일단 화를 내고 싶은지, 인정이 필요한지, 그냥 사랑을 받고 싶은

지. 가족관계에서는 대다수의 경우 최종적으로는 사랑을 받고
싶은 마음으로 이어집니다.

• **해소 방법(의):** 이번 장의 핵심입니다. 2장에서 열심히 연습해
온 '마음아이'가 원하는 것을 만들어 주는 해소 과정입니다. 이
부분은 어느 정도의 응용과 활용, 연습이 필요했었지요. 마음아
이가 원하는 것을 해 주기 위해 상황을 바꾸거나, 누군가를 데
려오는 방식을 썼었습니다. 사례에 나오는 예시들을 최대한 참
고하여 응용해 봅시다.

• **해소한 후의 상태(신):** 해소를 한 후 마음아이의 상태를 꼭 확인
해 주세요. 아, 편안해졌어. 아, 이제 무섭지 않아. 억울하지 않
아. 이제 안심이 돼. 이런 마음을 확인해 주고(인의예지를 거쳐),
앞으로도 내가 너를 도와줄 거라고 믿음(신)을 주는 단계입니
다. 여기까지가 뇌인지 치유의 한 사이클입니다.

• **그 후의 변화:** 전체 치유 과정을 거친 이후 어떤 변화가 찾아왔
는지, 증상이 있던 때와 어떻게 달라졌는지를 보여 드리는 부
분입니다. 핵심 상처만 치유한 게 아닌, 전체 치유 프로세스를
다 거친 이후의 변화입니다. 이를 염두에 두시고 나와 비슷한

사례, 그 이후의 변화를 보면서 힘을 좀 더 얻으시면 좋겠습니다.

복습입니다. 어렵지 않지요? 사례를 볼 때 가장 눈여겨보셔야 하는 건 바로 '해소 방법'입니다. 치유 여정 초반에 시간을 다소 소요하게 되는 구간은 보통 두 가지가 있어요.

- '온전히 공명하기까지'의 구간
- 뇌인지적인 해소 방법에서 '어떻게 상상력을 동원해야 할지' 생각하는 구간

'당시의 감정', '바라는 것'이 공명하기 구간이라면, '해소 방법'이 상상력을 동원해야 하는 구간인 거지요. 해소를 위한 핵심 구간이기도 합니다.

공명에 대한 것은 여러 차례에 걸쳐 설명했으니, 이번 실전 사례에서는 두 번째로 시간이 걸리는 구간을 중점적으로 보여 드릴 거예요. 이전 장을 쭉 따라오면서 '원하는 걸 어떻게 해 줘야 하지? 어떻게 해야 납득이 되지? 어떻게 해야 마음아이가 정말로 치유받았다고, 위로받았다고 느낄 수 있지?' 하는 어려움을 겪으셨다면, 더욱 '해소 방법'을 중점적으로 봐 주시면 좋습니다.

모든 사례를 다 읽지 않으셔도 됩니다. 내게 맞는, 가장 와닿는 사

례를 중심으로 보시면 좋습니다. 해당 사례의 해소 방법이 '내가 납득할 수 있는, 내게도 응용이 될 만한' 방법인지를 중점적으로 보시면 좋습니다.

일차적으로는, 아, 우리 아버지도 이런 유형이었어. 혹은, 나도 이런 상처가 있어. 하는 것을 보시고, 그 다음으로 해소 방법을 참고하시는 식입니다. 잘 와닿는다면 읽기만 하는 것으로도 마음에 어느 정도 울림이 있을 거예요. 부족하다면 또 다른 해소 방법을 보면서 나에게 맞는 상상의 길을 찾아 주세요. 어느 정도 공명이 된 상태에서 이어 가주시는 편이 맞는 방법을 찾기에 더 수월하실 겁니다.

'핵심 상처'라는 표현이 있었습니다만, 이는 겉으로 드러나는 강박, 공황 등의 증상이 가장 깊게 연결되어 있는 상처를 뜻합니다. 보통은 핵심 상처만 치유해도 증상이 어느 정도 완화되기 시작합니다. 핵심 상처는 가정환경에서 오는 경우가 많기 때문에 가족 문제만 해소해도 증상이 개선되는 경우가 있지만, 반대로 어린 시절은 괜찮았는데 학창시절이 문제인 경우도 있을 수 있습니다. 이런 경우라면 학창시절 예시를 더 눈여겨보시는 것이 도움이 됩니다.

한 사이클의 마지막 단계에 도달했을 때, 공명이 제대로 된 상태라면 기존의 감정이 어느 정도 해소되었다는 것을 느끼실 수 있을 거예요. 아직 남아 있다면, 다시 반복해 주시면 됩니다. 해소 방법은 동일하게 다시 해도 되고, 조금 더 딥하게 들어가거나 추가적인 상황을 더 만들어 줘도 괜찮습니다. 중요한 건 '마음아이가 원하는 만큼 해소가 되었는가'의 여부입니다. 반복할 때마다 상처를 떠올릴 때 감정이 누그러질 거예요. 그래서 더는 그 상처에 대해 부정적인 감정이 일어나지 않는다면, 온전히 치유가 된 것입니다.

2장에서 했던 이야기를 기억하시나요? '인, 예'로 나를 사랑하고 배려하는 마음으로 대하고, '지'로 내게 어떻게 해 주는 게 좋을지 끊임없이 생각하고, '의'로 그걸 실제로 해 주는 것. 이는 원래 부모님에게 받았어야 했던 것이지만, 우리는 이제라도 이걸 스스로에게 해 줄 수 있다고 했었지요. 이 치유의 여정은 결국, 필요한 것을 받지 못했던 스스로를 챙기고 사랑하는 과정이고, 궁극적으로는 자기 자신과의 화해이기도 합니다.

자신과의 관계가 좋아지면 그를 통해 남들도 잘 대할 수 있게 되고, 사회생활을 잘하게 되고, 그를 통해 정신적, 물질적으로 바라는 삶을 살 수 있게 됩니다. 결국 그게 우리가 살고자 하는, 마땅히 살아야 했던 삶일 거예요. 각각의 사례 끝에는 결국 그를 통해 변화된 삶이 함께 적혀 있습니다. 그 변화들이 여러분에게도 마땅히 받아야 했던 빛나는 미래가 되길 바랍니다.

자, 그럼 이제 준비물을 챙겨 봅시다.

준비물: '힘들었던 일 리스트'와 '감정표'

감정표는 가급적 여러 장을 준비하시면 좋습니다. 사례마다 한 장씩 써 나가면 더 좋을 거예요. 가급적이면 건너뛰지 말고 힘들었던 일 하나마다 한 장씩 쓰도록 합시다. 온갖 감정이 뒤죽박죽일 때 공명을 훨씬 수월하게 해 주는 역할을 하니까요.

그럼, 나의 힘들었던 일들을 하나하나 좋은 기억으로 바꾸러 가 볼 까요?

가족관계
상처 해소

가장 오래되고 아팠던 기억, 가족들에 관련된 상처를 찾아 들어갈 겁니다. 책에서는 나와 닮은 사례를 중심으로 찾아볼 거예요. 가족관계 사례는 순차적으로 아버지, 어머니, 형제자매로 구성되어 있습니다.

- **아버지**

1. 폭력적인 아버지
2. 강압적인 아버지
3. 무책임한 아버지

- **어머니**

4. 자식을 감정 쓰레기통으로 쓰는 어머니
5. 가스라이팅하는 어머니

- **형제자매**

6. 폭력적인 오빠
7. 부모님과의 사이에서 이간질하는 언니

사례의 방법은 어디까지나 예시이기 때문에 반드시 똑같이 하실 필요는 없습니다. 중요한 건 그저 상상으로 그치지 않고, 정말로 납득이 되는 방법을 찾는 거예요. 이전에 여러 번 강조했던 것처럼, 그럴 사람이 아니라거나, 그런 모습이 상상이 안 간다는 것에서 그치지 않고 정말로 가능하게끔 여러 방법으로 접근해 보는 것입니다. 다소 영화 같거나 과격한 상상이더라도 괜찮습니다. 정말 납득할 수 있는 방법을 찾아서 마음아이의 상처를 풀어내 주세요.

폭력적인 아버지 :
알코올 중독에 폭력을 일삼은 아버지

◆ 증상: 불안, 트라우마, 대인관계 문제

회사를 다니던 K씨는 트라우마로 회사 생활이 힘들 지경이 되어 상담을 받게 되었습니다. 회사를 다니면서 자신을 막 대하는 상사로 인해 불안감이 나날이 쌓여 가던 중, 회식 자리에서 술에 취한 상사에게 비난과 욕을 듣고 급격한 스트레스를 받은 것이었습니다.

원래도 사람을 대할 때 편하지 않았었는데, 그 일 이후부터 사람들을 대하는 것이 훨씬 더 불편해졌습니다. 사람들끼리 이야기를 하고 있으면 자신의 욕을 하는 게 아닌가 불안해졌고, 욕을 한 상사를 마주할 때마다 심장이 두근거려서 이성을 유지하기가 힘들었습니다.

◆ 연결고리

K씨는 어릴 적 가정폭력을 일삼던 아버지 밑에서 자랐는데, 아버지는 장사를 하면서 장사가 잘 안 되는 날이면 술을 마시고 아내와 자식들을 때렸습니다. 기분이 좋았다가도 언제 폭력적으로 변할지 몰랐기 때문에 아버지가 술을 마시는 날이면 가족 모두가 긴장 속

에서 살아야만 했습니다. 그로부터 시작된 불안감이 웅크려 있다가 사회생활을 하면서 점점 강화되었고, 직장 상사와의 트러블로 인해 자극을 받아 수면 위로 드러난 것이었습니다.

◆ 힘들었던 일

동생과 설거지를 누가 하느냐로 다퉜는데, 그 소리에 술 먹고 잠들었던 아버지가 깨어나 유리 그릇을 집어 던졌다. 그릇이 깨지면서 팔이 찢어졌고 피가 철철 났는데 아버지는 사과 한마디 없이 집을 나가 버렸다.

◆ 당시의 감정

항상 불안했고, 자신을 지켜주는 사람이 아무도 없다고 느껴졌다. 아버지를 향한 분노와 충동도 있었지만, 어딘가로 도망가 버리고 싶기도 했다. 내가 뭔가 잘못 태어난 존재인 것처럼 느껴지고, 주눅이 들고, 사람들이 괜히 두려웠다. 동생이나 엄마한테 상처가 난 걸 볼 때마다 너무 속상하고 무력하게만 느껴졌다.

◆ 감정표 체크

분한, 억울한, 열받는, 곤두선, 욱하는, 상처받은, 비참한, 슬픈, 눈물 나는, 불쌍한, 의욕 없는, 위축된, 외로운, 막막한, 기운 없는, 우울한, 안절부절못하는, 무서운, 두려운, 공포스러운, 불안한,

겁나는, 조마조마한, 긴장된, 주눅 드는, 고통스러운, 수치스러운, 자신 없는, 혼란스러운, 위축된

◆ 바라는 것

아빠가 때리지 못하게 막아 주고 싶다. 아빠가 술을 안 먹었으면 좋겠다. 아빠가 진심으로 사과하고, 나를 사랑해 줬으면 좋겠다. 엄마랑 동생이 잘 웃는 평화롭고 온전한 가정이었으면 좋겠다. 평범하게 같이 밥 먹고 TV 보면서 웃고, 그랬으면 좋겠다.

◆ 해소 방법

아버지가 사과하고 반성할 만한 상황이 뭐가 있을까? 아버지는 장사를 했었는데, 손님들한테는 친절하게 했었다. 가족들에게만 폭력적이고 남들에게는 약한 모습이었던 것 같다. 그럼 남들이 보는 시선이 중요하다는 뜻인 것 같다. 그걸 활용하면 되지 않을까?

➡️ 단골 손님이 가게에 왔다가 우연히 아버지가 나를 때리는 걸 목격했다고 상상해 보았다. 소문은 빠르게 퍼졌고, 동네 사람들도 다 알게 되어 아버지를 비난하고 외면하기 시작했다. 장사가 힘들 때 돈을 빌려준 사람이 있었는데, 그 사람마저 아버지에게 등을 돌리자 장사가 어려워졌고, 아버지는 그제야 자신이 뭔가를 잘못했다고 느꼈다. 돈을 빌려줬던 분이 그렇게 살면 나중에 벌 받는다며

아버지에게 훈계를 했고, 그에 충격을 받은 아버지는 결국 가족들에게 함부로 대했던 것에 대해 사과했다. 자신 혼자 너무 힘들다고 생각해서 화풀이를 했다, 그게 잘못된 일인 줄 몰랐다, 가족은 그렇게 해도 되는 줄 알았다, 라고 했고, 이렇게 되고 보니 자신이 전부 잘못 살았던 것 같다고 했다. 앞으로 두 번 다시 그러지 않겠다는 약속도 했다.

그러고 나서 가족이 다 같이 앉아서 저녁을 먹는 풍경을 그렸다. 아버지가 술을 안 마시고 평범하게 저녁을 같이 먹었다. 이게 평범한 집안이구나, 하는 느낌이 처음으로 들었다. 나한테도 이런 일이 생기는구나, 하는 생각이 들었다. 평화롭다는 기분이었다.

더 나아가 진짜 원하는 게 뭔지 느껴 보니, 사실은 아버지한테 사랑을 받고 싶었다는 걸 알았다. 그래서 아버지한테 그동안 너무 힘들었다고 이야기했다. 이야기를 하다 보니 눈물이 났다. 그랬더니, 아버지도 울컥하면서 이제 자신이 잘하겠다고 했다. 사실은 가족을 사랑한다고, 근데 방법을 몰랐다고 이야기했다. 그걸 들으면서 부둥켜안고 울었다.

◆ 해소한 후의 상태

마음아이가 어떤지 물어보니 이제 무섭지 않아졌다고 이야기했다. 아버지를 떠올리면 항상 화가 나고 울분이 느껴졌는데 그게 줄어들었다. 조금 허탈하기도 하고, 해방감이 느껴지면서 태어나 처음으로 안정감 같은 걸 느꼈다.

◆ 그 후의 변화: 트라우마 해소, 불안이 줄어들고 대인관계가 좋아짐

아버지를 해소한 이후, K씨는 다른 것들도 순차적으로 풀어 나갔습니다. 다양한 상처들이 있었지만, K씨의 가장 근원에 있던 감정은 불안함이었고, 어린 시절의 아버지로부터 비롯된 것이었기에 이를 해소한 이후부터는 비교적 빠르게 상태가 회복되었습니다. 해소가 될수록 처음의 불안함이 상당 부분 없어졌다는 것을 느꼈고, 그 즈음부터는 회사에 가서 사람들이 자신을 쳐다봐도 별다른 느낌이 들지 않고 편안하다고 이야기했습니다. 머잖아 또 회식 자리가 있었는데, 그때는 상사가 싫은 소리를 해도 약간의 스트레스만 받았을 뿐 심장이 두근거리거나 식은땀이 나거나 하지 않았습니다.

이후 K씨는 주눅들었던 것을 벗어나 대인관계도 잘할 수 있게 되면서 점점 능동적으로 사람들을 대할 수 있게 되었고, 그로 인해 직장 내의 평판이 좋아지기 시작했습니다. 다른 부서들에서도 K씨를 찾기 시작하자, 머잖아 승진까지 하게 되었습니다.

하나부터 열까지 통제한 아버지

◆ 증상: 공황, 불안

반복되는 연애 문제로 인해 상담을 오게 된 P씨는, 늘 남자친구와
문제가 생겼었다고 합니다. 얼마 전에는 약속 시간에 늦는 바람에
남자친구가 크게 화를 냈는데, 소리를 치고 행동을 크게 하는 모습
을 본 순간부터 갑자기 숨이 안 쉬어지고 식은땀이 났습니다. P씨
는 두려움에 도망을 쳤지만, 그 이후에도 남자친구는 계속 연락을
해서 다그쳤고, 더욱 겁이 난 P씨는 아예 연락을 안 받게 되었습니
다. 지난 연애에서도 상대가 큰 소리를 내거나 뭔가를 강요하는 느
낌이 들면 항상 도망을 쳤었던 P씨는, 이제 연애를 하는 것 자체가
무서워졌습니다.

◆ 연결고리

P씨의 아버지는 어릴 적부터 자식의 하나부터 열까지를 모두 본인
의 마음대로 하려 했고, 덕분에 밥 한 번 편하게 먹지를 못했습니
다. 학교 끝날 때부터 학원을 세 개를 다니게 했는데, 아무리 힘들
다고 말을 해도 들어주지 않았고 심지어 과외까지 받아야 했습니

다. 하나하나 다 아버지가 시키는 대로 움직여야 했던 P씨는 한시도 쉴 수가 없었고, 숨이 막혀 죽을 것 같은 기분을 느꼈습니다. 성인이 되어서도 그런 과도한 통제로 억눌려 온 감정은 점점 불어났고, 남자친구와의 갈등이 트리거가 된 상황이었습니다.

◆ 힘들었던 일

저녁 8시가 통금 시간이었는데, 너무 피곤해서 잠이 든 바람에 학원도 못 가고 집에도 늦게 도착했더니 아버지가 매를 들었다. 상황을 설명했는데도 듣지 않고 자기 분에 차서 종아리를 피멍이 들게 때렸다. 그리고 방에 이틀 내내 가둬 놓았다.

◆ 당시의 감정

나는 내 의사가 없고 아버지의 물건인 것처럼 느껴졌다. 내 자유의지는 없는 것 같았다. 전혀 존중받지 못한다고 느꼈고, 절망감이 들고 우울해졌다. 이럴 거면 왜 사나 하는 생각이 들었다. 밖에 나가서도 존중받을 자격이 없는 것 같아서 주눅이 들었다. 친구들이 내 상황을 알게 될까 봐 무섭고 두려웠다.

◆ 감정표 체크

답답한, 좌절한, 괴로운, 분한, 충격적인, 비참한, 슬픈, 눈물 나는, 불쌍한, 의욕 없는, 의기소침한, 외로운, 막막한, 피곤한, 걱정되는, 실망스러운, 우울한, 서러운, 무서운, 불안한, 초조한, 긴장된, 괴로운, 고통스러운, 수치스러운, 자신 없는, 당황스러운, 위축된, 낭패스러운

◆ 바라는 것
자유롭고 싶다. 아버지가 나를 존중해 줬으면 좋겠다. 내가 무슨 선택을 해도 지지하고 응원해 주는 사람이면 좋겠다. 내가 나 하고 싶은 대로 살 수 있었으면 좋겠다.

◆ 해소 방법
아버지가 반성할 만한 상황을 생각해 보았다. 아버지는 권력욕과 명예욕이 강하고 자기 마음대로 통제하려 하는데, 그게 잘못됐다는 걸 알려 줄 사건이 생기면 되지 않을까? 권력과 명예에 흠을 입으면 그렇게 느끼지 않을까?

➡ 아버지는 자신이 한 방식대로 해서 회사가 잘됐다고 믿어 왔는데, 부하 직원들의 의견을 다 묵살하고 권력을 남용한 일로 사내 고발을 당했다. 그로 인해 회사 내부가 시끄러워졌고, 회사 사장님은 결국 아버지를 대기발령시켰다. 아버지는 큰 충격을 받아 자신이 뭔가 잘못했나 하는 생각을 처음 하기 시작했다. 그런데 거기서 끝나지 않고, 지금까지 참아 왔던 다른 직원들이 의기투합하여 아

버지가 그때까지 저지른 통제와 압박을 문제 삼아 외부에 알렸다. 회사 안팎이 다 시끄러워지자 아버지가 해온 일도 어그러졌고, 그제야 아버지는 자신이 다른 사람들을 통제하려 한 방식이 잘못됐다는 걸 깨달았다.

그러고는 저녁 식사 자리에서 나에게 '그동안 네 생각을 전혀 고려하지 않고 내멋대로 하려고만 했다'면서 아무래도 자기가 잘못 판단한 것 같다고 이야기했다. 옆에서 듣던 엄마가 눈물을 터트리며 그동안 얼마나 힘들었는지 쏟아내자, 아버지는 당황하더니 엄마와 나한테 미안하다고 사과했다. 이제 너 하고 싶은 대로 하라고, 자신이 도와줄 수 있는 것들은 도와주겠다고 이야기했다. 그러면서 어색한 손길로 내 어깨를 토닥토닥하는데 눈물이 났다. 막 울면서 나한테 왜 그랬냐고, 그동안 너무 힘들었다고 했다. 아버지가 너무 미웠다고 했다. 그러자 아버지도 목이 막히면서 자기가 몰랐다고, 자기가 다 망친 것 같다고, 앞으로 만회하겠다고 했다. 네가 원하던 것들을 다 해 주겠다고 했다. 그 말을 들으니 울음이 점점 그쳤다.

◆ 해소 후의 상태

마음아이가 괜찮아졌는지 물어보니 편안해졌다고 했다. 안도가 되고 처음으로 평온함을 느꼈다. 그러고 나니까 아버지도 나름대로 가족이 잘되게 하려고 애쓴 것 같다는 생각이 들었다. 방식이 잘못됐지만 그로 인해 사람들한테 욕먹은 걸 보니 좀 안쓰러워지기도 했다. 아버지가 더는 밉지 않아졌다.

◆ 그 후의 변화: 공황 증상 해소, 불안이 작아짐

누군가 자신을 압박하거나 답을 종용하면 항상 위축되고 불안해졌던 P씨는, 그로 인해 직장 생활도 아슬아슬한 느낌이었다고 했습니다. 근본적인 상처를 해소하고, 이후 어머니에게 받은 상처, 다른 연인들에게 받은 상처들까지 해소하고 나자, 반대로 자신이 그동안 너무 방어적이었던 것을 깨달았습니다. 별 의미 없던 행동들, 상대의 문제였던 것들까지 다 자신의 탓으로 돌린 것을 알았고, 이후부터는 의미 부여하지 않고 받아들일 수 있게 되었습니다. 남자친구와 제대로 대화를 할 수 있게 되자, 화를 낸 것에 과도하게 반응했음을 알았고 진심을 터놓고 이야기함으로써 훨씬 관계가 좋아졌습니다. 갈등이 생겨도 전처럼 놀라거나 스트레스 받지 않았고, 사람들의 반응에서 자유로워지자 직장을 다니면서도 마음이 너무나 편해졌습니다.

◆ 증상: 강박, 불안

L씨는, 식당 일을 하는 데 있어 강박증이 너무 심해져서 상담을 오게 되었습니다. 물건이 흐트러지거나 뭐가 어디 있는지 모르는 상태를 견딜 수가 없다고 했지요. 어머니와 함께 식당 일을 하는데, 모든 물건을 깨끗하고 완벽하게 정렬해야 하다 보니 도저히 체력적으로나 정신적으로 버티기가 힘들었습니다. 어머니와 주변 사람들은 그런 식으로는 식당을 운영할 수 없다고 했고, 네가 너무 이상하고 유난하다는 지적을 계속했습니다. 그럴수록 정리를 완벽하게 해야 한다는 스트레스는 극에 달했고 일상생활이 어려울 지경이 되었습니다.

◆ 연결고리

L씨의 아버지는 항상 자기 하고 싶은 대로 하고 다니면서 돈을 빌리거나, 사고를 치곤 했고, 가족들은 항상 아버지의 뒷수습을 해야 했습니다. 돈 받아야 되는 사람들이 집에 쳐들어오면 아버지는 항상 도망가고 없었지요. 그 욕을 가족들이 다 들어야 했고, 정말 큰

일이라도 날 것 같을 때는 어머니가 모아 둔 돈으로 어떻게든 막아야 했습니다.

그렇게 항상 생활을 엉망으로 하고 갑자기 문제를 만들어 왔던 아버지 때문에 L씨의 기저에는 그에 대한 방어기제가 똘똘 뭉쳐 있었습니다. 자꾸 혼란이 생기니 그에 대한 반동으로 주변을 통제하고 정돈해야 한다고 느꼈던 것이었죠.

◆ 힘들었던 일

학교에서 폭력을 당했는데 아버지한테 말했지만 학교에조차 오지 않았고, 가해자 부모님이 나서서 나를 이상한 아이로 만들었다. 그래서 나중엔 선생님들한테까지 무시를 당했다.

◆ 당시의 감정

너무 수치스럽고 자존감이 낮아지고 위축되었다. 내가 잘못한 게 아닌데 세상 사람들이 다 나를 손가락질하는 것 같았다. 버려진 자식 같고 부모님이 없는 것 같았다. 난 왜 태어났나 하는 생각이 들었다.

◆ 감정표 체크

지겨운, 답답한, 속상한, 좌절한, 괴로운, 억울한, 분한, 곤두선, 약 오르는, 충격적인, 상처받은, 비참한, 눈물이 나는, 불쌍한, 위축된, 실망스러운, 싸늘한, 허탈한, 우울한, 무서운, 공포스러운, 떨리는, 굳어 버린, 주눅 드는, 고통스러운, 수치스러운, 자신 없는, 어려운, 낭패스러운

◆ 바라는 것
아버지가 학교에 와서 내 편을 들어줬으면 했다. 가장으로서 제대로 가족들을 책임졌으면 싶었다. 그리고 나와 엄마, 동생에게 미안하다고 사과했으면 좋겠다.

◆ 해소 방법
아버지는 누구의 말이든 회피하고 흘려 듣기 때문에 압박을 주든, 화를 내든, 아무 소용이 없을 것 같다. 무슨 방법이 있을까? 생각해 보니 유일하게 말을 들었던 게 돌아가신 할머니라고 했었던 것 같다. 그럼 할머니가 이야기하면 듣지 않을까?

➡ 사실 아버지는 어릴 적부터 소심했는데 다정했던 할머니가 빨리 돌아가시는 바람에 엄격하기만 한 할아버지 밑에서 자랐었다. 할아버지의 엄격함을 견디지 못하고 엇나갔고 그때부터 점점 막살았다고 한다. 그래서 아버지 꿈속에 돌아가신 할머니를 불렀다. 할머니는 아버지를 부둥켜안고서 못 챙기고 먼저 가서 미안하다고 타일렀다. 그러면서 애들한테 그렇게 하면 안 된다고, 내가 아무리

그렇게 갔어도 너라도 똑바로 잘 살아야 한다고, 걱정이 되어서 하늘에서 편하게 쉴 수가 없다고 눈물 지었다. 아버지는 혼자 남겨져서 오랫동안 외로웠다며 할머니를 붙들고 엉엉 울었다. 그러고는 잠에서 깨서는 꿈이 충격적이었는지 정신을 차렸다. 결국 학교에 왔고, 적극적으로 맞선 건 아니었지만 내 편을 들어 주었다. 덕분에 가해자가 잘못한 것으로 문제가 해결되었다.

꿈에 할머니를 한 번 더 불러 와서, 잘했다고 칭찬하는 모습을 그려냈다. '그렇게 하니까 내가 좀 맘이 편안하다'고, '하늘에서 잘 지켜보고 있겠다'고 했다. 꿈에서 깬 아버지는 더 정신을 차렸다. 그리고 우리를 불러 모으더니, 그동안 미안했다고 사과를 했다. 엄마와 내가 놀라서 쳐다보자, 꿈에 자꾸 어머니가 나오신다면서 자신이 아무래도 잘못 살고 있는 것 같다고, 할머니가 일찍 돌아가셨다고 해서 그러면 안 됐는데, 앞으로는 너희한테 잘하겠다고 했다. 그 말을 들으면서 엄마랑 나는 눈물이 났고, 결국 우리는 다함께 부둥켜안고 울었다.

♦ 해소 후의 상태

마음아이의 상태를 보니 처음으로 편안해 보였다. 지금까지 항상 불안하고 위태로운 느낌이었는데 그런 느낌이 많이 사라졌다. 이제 아빠가 내 편을 들어줬다고, 나를 지켜줬다고 했다. 이제 걱정하지 않아도 될 것 같다고 느껴졌다. 나도 앞으로 아빠가 챙겨 주지 못했던 것들을 내가 더 챙기겠다고 약속하고 마음아이를 안아 주었다. 한결 더 편안해 보였다.

◆ 그 후의 변화: 강박 증상 사라짐, 불안 해소

중요한 상처들을 치유하고 난 후, L씨는 더 이상 식당 일을 하면서 물건이 흐트러져 있는 것이 불안하거나 걱정되지 않았습니다. 신경이 안정이 되니 스트레스가 대폭 사그라들었고 자연스럽게 체력적으로도 심적으로도 훨씬 여유가 생겼습니다. 함께 일하던 직원들도 훨씬 편해졌고, L씨를 잘 따르게 되면서 사람들과의 관계도 한결 좋아졌습니다. 주변에서는 요즘 너무 밝아지고 잘 웃어서 보기 좋다는 이야기들을 한다고 했습니다. 그 에너지가 잘 전달이 되었는지, 식당은 전보다 장사가 한층 잘되었습니다.

자식을 감정 쓰레기통으로 쓰는 어머니 :
자식에게 명품백 요구하는 어머니

◆ **증상: 우울, 불안**

Y씨는 회사에서든 어디서든 항상 자신을 낮추고 좋게 보이는 것이 습관이었습니다. 그게 계속되다가, 어느 순간에 마음의 병을 얻었습니다. 상사가 자신에게 막 대하거나 동료가 일을 떠넘기면, 속으로는 원망하면서도 겉으로는 싫은 소리를 할 수가 없었습니다. 그렇게 참다 보니 어느 순간부터 우울증이 온 것이었지요. 벼랑 끝까지 몰린 심정이라는 Y씨는, 더 가면 정말 자기 자신이 없어질 것 같다고 했습니다.

◆ **연결고리**

Y씨는 어린 시절부터 어머니에게 일방적으로 맞춰 주기를 강요당해 왔습니다. Y씨의 어머니는 항상 딸에게 너를 어떻게 키웠는지 아냐면서, 자기 인생을 희생했다고, 보상해야 한다고 입버릇처럼 말했습니다. 무슨 일만 있으면 자기 팔자가 사납다면서 힘들다고, 이렇게 살아서 뭐 하냐고 딸에게 한풀이를 했고, 그 말을 들으며 자란 Y씨는 힘든 일이 있어도 아무 표현을 할 수 없었던 것이

었죠.

자신을 죽이는 것이 그때부터 버릇이 되어, 이후의 삶에서도 계속
Y씨를 따라다닌 것이었습니다.

◆ 힘들었던 일

직장 다니면서 겨우겨우 독립 자금을 모았는데 엄마가 키운 값을
받아야 한다면서 신용카드를 달라고 하더니, 백화점에서 수백만
원짜리 명품백을 샀다. 그걸 갚느라 학자금 대출도 못 갚고 생활할
돈도 없어졌다. 한동안 엄청 힘들게 살아야 했다.

◆ 당시의 감정

내가 왜 이런 꼴을 당하면서 살아야 하나, 엄마가 너무 밉고 원망
스러웠다. 그런데 또 나 때문에 희생했다고 하니까 내가 죄 지은
것 같았다. 내가 태어난 게 잘못인가 하는 생각이 들었다. 그럼 앞
으로도 계속 이렇게 살아야 하나? 너무너무 우울하고 희망이 없게
느껴졌다.

◆ 감정표 체크

화난, 짜증 나는, 미워하는, 지겨운, 답답한, 속상한, 억울한, 약
오르는, 상처받은, 비참한, 슬픈, 마음 아픈, 의욕 없는, 의기소침
한, 막막한, 기운 없는, 피곤한, 걱정되는, 고민되는, 실망스러운,

우울한, 초조한, 괴로운, 창피한, 민망한, 어려운, 당황스러운, 위
축된, 죄스러운, 부담되는, 찜찜한

♦ 바라는 것

엄마가 나한테 죄책감을 안 줬으면 좋겠다. 나도 사회 초년생인데
내 상황을 헤아려 줬으면 했다. 차라리 맛있는 거 사 달라고 했으
면 오히려 내가 더 나서서 해 줬을 것 같다.

♦ 해소 방법

어떤 일이 있어야 엄마가 나한테 못되게 했다는 걸 깨닫고 나를 존
중해 줄까? 엄마를 설득할 사람이 있을까? 혹은 깨달을 만한 상황
이 있을까? 엄마는 남동생 말은 잘 듣는다. 근데 남동생이 말해도
설득은 안 될 것 같다. 엄마가 맨날 건강 타령하면서 나한테 시집
가지 말고 엄마 아프면 챙겨야 된다고 하니까, 그것도 응용해서 잘
못을 깨달을 만한 상황을 만들어 보자.

➡ 남동생에게 너무 힘들다고 하자, 남동생이 내 편을 들어서 엄
마한테 잔소리를 했다. '이제 나도 없는데 누나한테 그렇게 막 하
면 안 된다, 누나가 참다가 참다가 힘들어서 떠나 버리면 어떡할
거냐, 누나한테 잘하라'고 했다. 그러자 엄마가 걱정이 됐는지 마
지못해 미안하다고 했다.

이후 엄마의 건강검진에서 안 좋은 징후가 발견이 되었다. 당장 결론 내릴 수가 없으니 몇 달 후의 상태를 봐야 한다고 했고, 엄마는 한층 더 신경질적이 되어 예민하고 사납게 굴었다. 나한테만 그러던 걸 넘어서 주변에까지 버림받고 피해자인 것처럼 하자 엄마 주변의 사람들이 점점 엄마를 나 몰라라 했다. 동생도 바쁘다면서 오지 않았고, 나도 일부러 마음을 독하게 먹고 병원에 안 갔다.

시간이 한참 지나고 찾아갔더니 엄마가 병실에 혼자 앉아 있었다. 예전보다 기운이 없었다. 날 발견하더니 놀란 표정을 지으면서 어떻게 왔냐고 했다. 그러면서 아파 보니까 알겠다고, 그래도 자기 생각해 주는 게 너밖에 없는데 엄마가 몰랐다고 했다. 네가 안 올 줄 알았다면서, 혼자 병실에 있어 보니 다른 가족들은 참 사이가 좋더라고 했다.

이제 와서야 자기가 너무 못되게 한 것 같다고, 왜 사람들이 안 오는지 알 것 같다고 했다. 그러면서 나한테 미안한 게 많다고 사과를 했다. 그 말을 들으니 울컥하면서 너무 속상했다. 내가 '엄마 힘들게 산 거 아는데, 그게 다 나 때문은 아니지 않냐'고 토로하자 엄마가 맞다고, 자기가 너무 이기적으로 자기만 생각했었다고 했다. 너 돈 귀한 거 모르고 막 써서 미안하다고, 병원비는 자기가 어떻게든 해 보겠다고 하는데 그 말을 들으며 눈물이 났다.

그러며 무사히 나가게 되면 이제껏 딸한테 못 해 준 것도 좀 해 주고, 맛있는 것도 많이 해 주겠다고 이야기해 주었다. 처음으로 엄마가 나를 딸로서 사랑해 주는 것 같은 느낌을 받았다.

◆ 해소 후의 상태

그동안 억눌렸던 걸 보상받은 느낌이었다. 속이 후련해졌다. 마음 아이에게 어떠냐고 물어보니 이제 좀 위로받고 사랑받은 기분이라고 이야기해 주었다. 처음으로 안정되고 평온한 마음이 들었다.

◆ 그 후의 변화: 우울증 해결, 불안 해소

순차적으로 상처들을 해소한 Y씨는, 실제로 어머니와의 관계도 점점 좋아졌습니다. 어머니에게 더는 못된 타박을 받지 않게 됐고, 어쩌다 그래도 누적된 상처가 없어지니 크게 스트레스 받지 않았습니다. 그러자 자연스레 남들에게 착하고 좋게 보여야 한다는 생각이 줄어들었습니다. 언젠가부터 무리한 요구를 조금씩 거절할 줄 알게 되었고, 자신도 솔직하게 반응한 것에 스스로 놀랐습니다. 그것이 점점 쌓이면서 이제는 할 말도 할 수 있게 되었는데 오히려 회사 내에서는 일을 더 잘하게 되었다고 칭찬을 들었고, 그로 인해 중요한 프로젝트까지 맡게 되었습니다. 자신에게도 이런 일이 다 생긴다며, 이전과는 많은 게 달라진 것 같다고 빛나는 얼굴을 보여 주었습니다.

◆ 증상: 불면증, 식이장애, 우울

C씨는 하는 일마다 어머니가 꼬투리를 잡아서, 결국 무엇 하나 제대로 하지 못하는 자신이 너무나 힘들어 상담에 왔습니다. 회사 생활이 너무 힘들어서 그만둔 후 개인 사업을 시작했는데, 뭘 하든 어머니가 하나하나 꼬집어 비난을 한다는 것이었습니다. 옆에서 자꾸 그러니 결국 뭘 해도 확신이 없고 중도 포기하게 되었고, 그럴수록 자존감은 낮아지고 경제적으로도 어려워졌습니다. 어머니는 은행 계좌를 뭘 만들어야 하는지부터 월세는 얼마 정도 내야 하는지를 다 참견하였고, 무슨 일이 있을 때마다 네가 그래서 안 되는 거다, 하긴 뭘 하냐며 막말을 서슴치 않았습니다. 결국 C씨는 심각한 불안증에 시달리면서 잠을 못 자게 됐고, 스트레스로 폭식하는 식이장애까지 오고 말았습니다.

◆ 연결고리

사실 C씨의 어머니는 어릴 적부터 같은 행동을 해 왔습니다. 항상 자식을 마음대로 하려 하고 중고등학교, 잘해야 하는 과목, 대학교 전공부터 회사까지 모두 자신이 정한 대로 하게끔 강요해 왔지요. 심지어 핸드폰에는 위치 추적 앱까지 깔아 두었습니다. 어릴 적의 C씨는 어떻게든 어머니 마음에 들어 보려고 공부도 열심히 하고 시키는 대로 했지만 항상 비난만 들어 왔고, 결국 스스로 어떤 결정도 내리기 힘든 상태가 되었습니다.

◆ 힘들었던 일
중학교 때 시험을 쳤는데 반에서 1등을 했음에도 몇 개 틀린 걸로 엄청 혼이 났다. 그러고 나서 한동안 글이 읽히지 않는 난독증이 찾아왔다. 어머니는 왜 글을 못 읽냐고 더 다그치기만 하고 나약하다고 화를 냈다.

◆ 당시의 감정
글이 읽히지 않았을 때 내내 억눌러 왔던 게 터져서 하루 종일 울기만 했다. 아무리 잘해도 쓸모없는 사람이 된 것 같았다. 잘한다는 게 뭔지 모르겠고, 나는 뭘 하든 가치가 없는 존재인 것 같았다.

◆ 감정표 체크
미워하는, 지겨운, 답답한, 좌절한, 속상한, 괴로운, 억울한, 상처받은, 섭섭한, 비참한, 슬픈, 눈물 나는, 의욕 없는, 위축된, 외로운, 막막한, 피곤한, 실망스러운, 허탈한, 우울한, 안절부절못하는,

무서운, 두려운, 불안한, 떨리는, 진땀 나는, 초조한, 긴장된, 주눅 드는, 자신 없는, 혼란스러운, 위축된

◆ 바라는 것

엄마한테 한 번이라도 온전한 인정과 칭찬을 들어 보고 싶다. 내가 엄마 원하는 대로 되지 않더라도 그냥 조건 없이 나를 봐 줬으면 좋겠다. 있는 그대로 받아들여지고 싶다.

◆ 해소 방법

어떻게 하면 엄마가 자신이 잘못했다는 걸 인정하고 사과해 줄까? 그리고 나를 지지해 줄까? 엄마는 공격적이지만 자기보다 센 사람한테는 금방 진다. 엄마가 나에게 막 대하던 것이 알려지면 어떨까? 엄마보다 센 사람한테 알려지면 되지 않을까?

➡ 학교에 부모님 상담이 있어서 엄마가 왔는데, 거기서도 나를 막 대하고 깎아내렸다. 보다 못한 선생님이 중재를 하려 하자, 엄마는 오히려 선생님한테 자식은 낳아 보셨냐, 애 인생 책임질 것도 아니면서 주제를 알라고 폭언을 했다. 선생님은 충격을 받고는 나를 따로 불러서, 엄마가 항상 너한테 저런 식이냐, 그럼 네가 많이 힘들었을 것 같다고 이야기했다. 그래서 솔직하게 이야기했더니 아무래도 정서적인 학대인 것 같다면서 경찰에 신고해 주었다. 결국 엄

마는 경찰서까지 가게 되었다.

조사하는 과정에서 핸드폰에 위치 추적앱이 설치된 것과 내가 우울증약을 먹고 있다는 것이 알려졌고, 결국 엄마는 접근금지까지 받을 지경이 되었다. 주변이 난리가 나고 법적인 경고까지 받게 되자 엄마는 뭔가 잘못됐다는 걸 느꼈다. 경찰서에서 아동 정서 교육을 이수하라고 명했는데, 교육을 담당한 분이 엄청난 전문가여서 내 상황이 얼마나 심한 것인지, 이렇게 가면 어떻게 되는지를 엄마한테 납득시켰다. 그 이야기들을 듣고 엄마는 드디어 자신의 방식이 잘못됐다는 걸 깨달았다.

엄마는 자기도 그렇게 컸다고, 그래서 너도 그렇게 키우면 되는 줄 알았다면서, 그렇게 키우면 네가 잘될 줄 알았다고 했다. 그런데 사실 자기도 그렇게 살면서 별로 좋지 않았다고, 이렇게 된 걸 보니 잘못한 것 같다면서 처음으로 '네 마음을 무시하고 강요해서 미안하다'고 사과했다. '선생님이 너가 뭘 하고 싶어하는지 물어보고 하게 해 주라고 하시더라.'면서 뭘 하고 싶냐고 물어보기까지 했다. 난 그동안 속으로만 바랐던 피아노를 배우고 싶다는 말을 꺼냈고, 엄마는 지원해 주겠다고 했다. 그러고 나서 오히려 성적이 더 오르자 엄마는 자신이 잘못했다는 걸 완전히 인정했다. 그걸 보고 북받쳐서, 공부 잘해야만 엄마 딸이냐고, 엄마는 그렇게 해서 행복했냐고 묻자 그걸 듣고 있던 엄마도 눈시울이 붉어졌다. 내가 너무 몰랐어. 교육받은 적이 없어서. 하고 대답하는데 더 눈물이 났다.

앞으로는 안 그럴게. 엄마가 눈물을 흘리면서 그렇게 이야기했다. 엄마도 잘되라고 한 거니까 내가 이해할게. 그렇게 하고 엄마와 화해했다.

◆ 해소 후의 상태

그동안 항상 갑갑하고 답답하고 너무 우울했는데, 처음으로 편안한 느낌이 들었다. 마음아이가 괜찮은지 들여다보니, 피아노를 쳐서 행복하다고 했다. 하고 싶은 거 할 수 있게 되어서 너무 좋다고 했다. 이제 엄마가 내 말을 들어준다고 느꼈다. 처음으로 누군가에게 받아들여진 기분이었다.

◆ 그 후의 변화: 불면증 해소, 식이장애 없어짐. 우울증 없어짐

C씨는 사업을 시작했음에도 확신이 없고 막막하여 계속 그만두고 싶고 힘들기만 했었는데, 상처를 해소하고 나자 정서적으로 안정이 되면서 좀 더 자신 있게 자신의 결정을 밀고 나갈 수 있게 되었습니다. 중간에 어머니와 의견 충돌이 있었지만, 이제는 솔직하게 자신의 상처를 토로할 수 있었고, 딸이 바뀐 것에 놀란 어머니는 처음에는 당황했지만 결단력이 생긴 모습에 결국은 한 발 물러났습니다.

이후 처음으로 고객사에 좋은 평가를 듣게 되었고, 거기서 힘을 얻은 C씨는 자신의 방향대로 나아간 결과 대기업의 의뢰까지 받을 수 있게 되었습니다. 이렇게 살 만했던 적이 없었다고, 이 일이 자신의 적성에 맞는 것 같다고 말한 C씨는 비로소 자신의 잠재력을 펼칠 수 있게 되어 행복해 보였습니다.

♦ **증상**: ADHD, **불안**

N씨는 백화점 판매사원으로, 자꾸 사은품을 깜박하거나, 고객 정
보를 틀리는 등의 실수를 반복해서 경고를 받게 된 상황이었습니
다. 집중하려고 해도 안 되고 자꾸 실수를 하니 스스로가 너무 답
답하고 미웠습니다. 비난을 들으면 더욱 불안해지고, 불안해지면
더욱 집중을 못 하는 악순환의 고리에 빠진 상황이었지요. 특히
고객들 중에 남자 손님이 조금 큰 소리를 내거나 따지면 심하게
위축되어 얼어 버리는 경우가 많았습니다. 시간이 지날수록 스트
레스는 극심해져 이젠 판매직을 그만둬야 하나 고민하는 지점까
지 와 있었어요.

♦ **연결고리**

N씨는 유독 가부장적인 집안에서 자랐는데, 오빠가 장손이라 할
머니부터 엄마까지 오빠를 엄청 편애했습니다. 폭군처럼 군림한
오빠는 항상 자기 마음대로 하려고 하고 뭐가 마음에 안 들면 N
씨를 때리거나 협박했는데, 부모님은 맞벌이를 하면서 N씨에게는

별로 신경을 쓰지 않았지요. 오히려 항상 오빠를 잘 챙기라고만 했습니다. 아무도 도와주는 사람 없는 집안에서 N씨는 항상 오빠에 대한 불안에 떨며 어린 시절을 보내야만 했습니다. 이 어린 시절에서부터 이어져 온 두려움이, 사회에 나와서도 남성들을 대할 때 큰 장벽이 되어 있던 것이었습니다.

◆ 힘들었던 일

시험 공부를 하고 있는데 갑자기 오빠가 화가 나서 집에 들어오더니, 청소를 안 해 놨다며 소리를 질렀다. 그러더니 당장 라면을 끓여 놓으라고 했다. 싫다고 했더니 갑자기 옆에 있던 무거운 책으로 내 머리를 때렸다. 내가 넘어졌는데도 두세 번을 더 때렸다. 조금 이따가 아빠가 무슨 일이냐며 들어와서 내가 울면서 상황을 설명했는데, 피곤하니까 나중에 얘기하자고 나가 버렸다.

◆ 당시의 감정

갑자기 화가 나서 때리니까 너무 놀랐다. 나는 그냥 공부하고 있었을 뿐인데 뭘 했다고 맞은 건지 모르겠고 너무 억울하고 무서웠다. 이런 집에서 어떻게 사나, 앞으로 얼마나 더 있어야 되나 싶었다. 아무도 나를 지켜주지 않고 도와주지 않는다고 느껴졌다. 가족들한테 그런 대우를 받아도 되는 사람인 것처럼 느껴졌다.

◆ 감정표 체크

억울한, 분한, 곤두선, 충격적인, 비참한, 슬픈, 눈물 나는, 위축된, 걱정되는, 우울한, 두려운, 공포스러운, 불안한, 조마조마한, 긴장된, 주눅 드는, 괴로운, 혼란스러운

◆ 바라는 것

아빠나 엄마가 내 편을 들어서 오빠를 혼내 줬으면 좋겠다. 그래서 오빠가 사과했으면 좋겠다. 앞으로 나한테 함부로 못 하게 했으면 좋겠다. 아빠 엄마가 나를 보호해 줬으면 좋겠다.

◆ 해소 방법

아빠가 집안에서 제일 힘이 센 사람이니까 아빠가 내 편을 들어 주고 오빠를 혼내 주면 해결될 것 같다. 어떻게 하면 아빠가 상황이 심각한 걸 알아줄까? 주변에서 심각한 일이 생기면 어떨까?

➡ 아빠한테 절친한 친구분이 있다. 우리 집에도 종종 놀러 오신다. 그분도 나처럼 첫째 아들과 둘째 딸이 있는데, 그 둘이 크게 싸웠다고 상상해 보았다. 아들이 욱해서 힘 조절을 못했고 딸이 크게 다쳐 병원에 입원까지 하게 되었다. 아빠 친구분은 평소에 바빠서 신경을 못 쓰고 있다가 크게 놀라 병원에 며칠 내내 붙어 있었다고 했다. 그러면서 자기가 모르는 동안 있었던 일들을 딸에게 듣더니

깜짝 놀랐다고 했다. 그 집도 오빠가 동생을 막 대하고 괴롭혔는데 부모님이 몰랐던 것이다. 딸에게는 심한 트라우마가 생겼다고 했다. 친구분은 아빠한테 고민을 토로하면서, 아이들 어릴 때 잘 잡아 주지 않으면 나중에 큰일 날 수도 있다, 너네 집도 딸을 잘 살펴라, 하고 조언을 했다. 아버지도 놀랐는지 집에 와서 우리를 불러 모았고, 나에게 그동안 있었던 일을 다 이야기하라고 했다. 내가 무서워서 말 못 하겠다고 하자 아빠가 방에 따로 들어가서 내 이야기를 들어 주었다. 나는 그동안 당했던 일들을 솔직하게 털어놓았다. 아빠는 엄청 화가 나서 오빠 방으로 바로 갔다. 그러더니 오빠가 엄청 혼나는 소리가 들리고, 나도 다시 나오라고 해서 셋이 마주 앉았다. 아빠는 그동안 잘못했던 것들을 사과하라고 하고, 앞으로 또 아빠가 없을 때 이런 일이 있으면 큰일 날 줄 알라면서 무슨 일이 생기면 바로바로 이야기하라고 했다. 그러면서 그동안 신경 못 써서 미안하다고, 아빠한테 너도 소중한 딸이라고 했다. 오빠는 결국 울면서 사과했다. 그 다음부터는 나한테 함부로 대하지 못했다.

◆ 해소 후의 상태

아빠가 나를 지켜줬다는 마음이 들자 눈물이 났다. 마음아이가 처음으로 보호받았다고 느꼈다. 그러면서 이제 아빠가 있으니까 괜찮을 것 같다고 했다. 오빠한테 사과를 받고 나니까 오빠도 그렇게 밉지 않아졌다고 했다. 안도감이 들고 평온한 느낌이 들었다.

♦ 그 후의 변화: 주의집중력 향상, 불안감 해소

N씨는 주요한 증상들을 해소한 후, 남자 손님을 응대할 때 예전만큼 스트레스를 받거나 위축되지 않았습니다. 이전보다 차분하게 응대할 수 있었고, 불안감이 많이 사그라지자 자연스레 주의력, 집중력도 좋아지면서 일에서 실수하는 것도 크게 줄어들었습니다. 얼마 지나지 않아 손님 몇몇에게 꼼꼼하게 일을 잘한다는 소리를 듣기 시작했고, 나중에는 우수 사원 표창까지 받았다고 기쁜 이야기를 전해 주었습니다.

어린 시절을 악몽으로 만든 언니

◆ **증상: 우울, 대인관계 기피, 불안**

O씨는 꽃집을 하고 있었는데, 꽃다발이나 디자인을 예쁘게 잘 만들었지만 손님 응대하는 것을 힘들어했습니다. 특히 어떤 힘든 여자 손님을 만난 후부터 더 심해졌는데, 그 손님은 O씨에게 고압적으로 이야기하거나, 과한 요구를 하고 자신이 원하는 걸 해 주지 않으면 패악을 부리는 등의 행동들을 했고, 이후부터 O씨는 일을 하기 힘들 지경이 됐습니다. 사실 이전부터 O씨는 여자 친구들을 대하는 걸 조금 힘들어했는데, 특히 여자들이 약간 비꼬는 듯한 말투를 쓰면 유독 예민하게 반응하게 되곤 했습니다. 꽃집에는 남자 손님보다 여자 손님이 좀 더 많았고, O씨는 점점 손님을 맞이하는 게 무서워졌습니다.

◆ **연결고리**

O씨보다 3살 더 많은 언니는 공부를 잘해서 항상 칭찬을 받았습니다. 하지만 O씨는 그림 그리는 걸 더 좋아했고, 공부에는 별로 관심이 없었어요. 언니는 항상 자신의 성적표를 부모님에게 보여 드

리면서 동생이 공부를 너무 안 하고 놀러만 다닌다고 고자질을 하
거나, 부모님을 자기 편으로 만들어 자신에게 유리하게 하고 O씨
가 손해 보고 양보하게 만들었습니다. 이런 상황이 지속되면서 O
씨는 점점 주눅이 들고, 소심한 성격이 되었지요. 결국 여자들에게
유독 예민한 것은 어릴 적 언니와의 관계에서부터 이어져 온 상처
였습니다.

◆ 힘들었던 일

언니가, 너처럼 머리 나쁜 게 그림 그리면 잘될 줄 아냐고 폭언을
해서 말다툼을 하던 중 부모님이 집에 들어오셨다. 무슨 일이냐고
물으니, 언니가 자기 공부해야 하는데 동생이 자꾸 그림 그린답시
고 방을 어지르고 집안일도 안 도와준다고 이간질했다. 부모님은
나에게 호통을 쳤고, 언니 앞길 막을 일 있냐면서 공부 못하면 언
니라도 좀 잘 챙기라고 했다. 그 이후 집안일은 내 차지가 되었다.

◆ 당시의 감정

언니가 너무 싫었다. 내가 그림 그린다고 피해 준 것도 없는데 억
울했다. 그런데 다들 언니 편만 드니까 그냥 내가 죄인인 것 같았
다. 나는 쓸모없는 자식인가 하는 생각이 들었다.

◆ 감정표 체크

싫은, 짜증 나는, 샘나는, 질투하는, 답답한, 속상한, 좌절한, 억울한, 분한, 약 오르는, 충격적인, 상처받은, 섭섭한, 슬픈, 의기소침한, 외로운, 허탈한, 우울한, 서러운, 주눅 드는, 괴로운, 수치스러운, 자신 없는, 어려운, 위축된, 낭패스러운

◆ 바라는 것

언니가 사과했으면 좋겠다. 공부가 전부가 아니라는 걸 깨달았으면 좋겠다. 내가 공부를 못해도 나 자체로 인정받고 싶다.

◆ 해소 방법

언니가 이간질하고 못되게 하던 걸 부모님이 알게 되면 어떨까? 그래도 어쩌면 공부를 잘하니까 괜찮다고 생각할지 모른다. 그럼 공부보다 중요한 게 있다고 느끼게 되면 내 마음을 좀 알아주지 않을까?

→ 언니는 학교에서도 자기보다 공부 못하는 애들을 무시했는데, 그러다가 한 친구와 대판 싸움이 났다. 부모님이 학교에 불려 갔는데, 다른 친구들이 언니가 평소에 얼마나 친구들을 무시하고 이간질했는지를 다 밝혔다. 부모님은 깜짝 놀라서 언니를 데리고 돌아온 후 그동안의 일을 솔직하게 말하라고 했다. 그러자 언니가 자기

분에 못 이겨 눈물을 흘리면서 그게 뭐가 나쁘냐고, 공부 못하는 애들이 잘못된 거 아니냐고 큰 소리를 쳤다. 부모님은 충격을 받아서 이럴 거면 공부고 뭐고 때려 치우라고 했다. 이렇게까지 애가 잘못된 줄 몰랐다면서, 아무래도 너를 잘못 키운 것 같다고 했다. 언니는 큰 충격을 받더니 방에 틀어박혔다. 그러고 나서 결국은 방에서 나와, 자신이 잘못했다고 엉엉 울면서 사과했다. 부모님이 너 그러면 그동안 동생한테도 그랬냐고 물었고, 언니는 또다시 울면서 그랬다고 했다. 부모님이 나한테 힘들었겠다고, 그동안 몰라줘서 미안하다고 했다. 언니도 나한테 그동안 못되게 굴어서 미안하다고 했다. 부모님이, 돈 버느라 바빠서 너희들에게 신경을 못 쓴 것 같다고, 인성도 좋아야 나중에 사회 생활 나가서 진정한 1등이 될 수 있다고 했다. 그러면서 왜 성공한 사람들이 인성이 좋은지를 설명하자, 언니는 그 말을 듣고 납득했는지 앞으로 그렇게 되도록 노력하겠다고 했다. 아빠 엄마는, 나에게 둘째는 참 성격이 좋고 착한 게 장점이라면서, 공부를 못하더라도 뭐 하나만 잘해도 괜찮다고 해 주었다.

◆ 해소 후의 상태

언니에 대한 미움이 사그라들었다. 마음아이에게 물어보니, 이제는 괜찮다고 했다. 그러면서 언니도 많이 힘들었겠다고 했다. 부모님이 나쁜 사람들이 아니라, 정말 바빠서 신경을 못 썼다는 걸 알았다고 했다. 잘 몰라서 그랬다는 게 이해가 되니, 아빠 엄마에 대한 원망도 많이 없어졌다고 했다. 이제 좀 평온해진 느낌이었다.

◆ 그 후의 변화: 우울감·불안감 해소, 대인관계 회복

그동안 손님 반응에 일희일비하고 갈팡질팡했던 O씨는, 상처가 치유되고 나니 자기도 모르게 손님 대하는 게 좀 편해졌다는 걸 깨달았습니다. 여유가 생기니 여자 손님들을 대할 때도 전보다 부드러워졌고, 자신이 과민반응했구나 하는 걸 깨달았습니다. 미안한 마음에 좀 더 잘 챙기자 오히려 그동안 까다로웠던 손님이 고마워하면서 단골이 되었다고 합니다. 무엇보다 일하는 게 한결 편해졌다고 했습니다.

언니가 꽃이 필요하다면서 연락이 왔는데, 언니를 대할 때 항상 딱딱하게 반응했던 것과 달리 부드럽게 말했고, '굳이 나한테 사 줘서 고맙다'고 하자 언니가 깜짝 놀라더니 '사실은 내가 어릴 때 너를 많이 괴롭히지 않았냐'며, 미안해서 그런 거라고, 꽃을 살 일이 있으면 너한테 산다고 대답했습니다. 의외의 진심을 들은 O씨는 그 이후부터 언니와 한결 가까운 사이가 되었다고 전해 주었습니다.

가족관계
상처 해소 마무리

　　가족에 대한 사례는 여기까지입니다. 여러 예시들 중 내게 가장 맞는 예시를 찾으셨나요? 상황과 감정을 어떻게 잘 움직이면 좋을지, 여러분께 맞는 지름길을 발견했기를 기원합니다. 당장에 100%의 해답이 떠오르지 않았어도 괜찮습니다. 계속 이어 나가면 됩니다.

　　지속적으로 강조해 왔던 것처럼, 예시를 응용할 때 그저 상상으로만 그치면 효과가 미미합니다. 꼭, 오롯이 공명이 된 상태에서 진행하시기를 바랍니다.

　　그럼 잘 해내셨으리라 믿고, 중간 진단을 한번 해 보도록 할까요?

1. 처음과 비교하여 스트레스 감정(분노, 두려움, 슬픔 등) 수치가 얼마나 내려갔나요? 처음 스트레스 상태가 100이라고 했을 때, 얼만큼 남아 있는지를 생각해 봅시다.
2. 아직 남아 있다면, 같은 대상에 대해서 다시 치유 프로세스를 한 바퀴 적용해 봅니다. 그 이후에 다시 남은 감정이 있는지 체크해 봅니다.
3. 많이 사그라들었다면, 대상을 떠올렸을 때 더는 격한 감정이 일

어나지 않을 수 있습니다. 이 단계까지 오면, 연민이 느껴지거나 가족의 입장이 감정적으로 이해되는 경우도 있습니다.

4. 이후 대상을 실제로 마주하거나 대화를 하게 됐을 때, 나의 톤이 어떤 식으로 바뀌었는지 체크해 봅시다. 혹은, 내가 스스로 느끼지 못하더라도 상대가 먼저 알아채고 바뀔 수도 있습니다. 원래의 관계와 어떤 식으로 톤이 달라졌는지 생각해 봅시다.

가족관계 해소에서 에너지를 많이 썼다면, 우선은 처음을 잘 해소한 것으로 덮어 두고 조금 쉬어 가셔도 괜찮아요. 얼마 만에 해야 한다거나 그런 기준은 없습니다. 내가 다시 에너지가 생겼을 때, 혹은 어떤 부정적 감정이 단서를 던져 줄 때 다시 이어 가도 괜찮습니다.

그럼 이어서, 학창시절로 넘어가 보도록 하겠습니다.

학창시절

상처 해소

학창시절의 관계는 가족만큼 깊은 유대 관계는 아니기 때문에 비교적 감정이 복잡하지 않을 수도 있습니다. 반면, 학창 시절의 일이 핵심 상처였던 분들이라면 훨씬 복합적인 감정이 남아 있을 거예요. 복잡하지 않은 상처라면 상황, 사건을 움직이는 정도로 해소가 될 수도 있고, 마음에 깊은 흔적을 남긴 상처라면 두세 가지의 상황을 함께 상상해야 할 수도 있겠지요? 어떤 상처인지, 어떤 방법을 쓰면 잘 풀릴 수 있을지 들여다보면서 가 봅시다.

1. 학창시절을 지옥으로 만든 동급생
2. 이유 없이 나를 미워하는 선생님

◆ **증상: 대인기피, 불안, 우울**

H군은 방에 틀어박혀 나가지 않은 지 오래되었다가, 큰 용기를 내서 상담에 왔습니다. 몇 년째 은둔형 외톨이로 지내는 중이었고, 이대로면 정말 꿈도 희망도 없을 것 같아 마지막 동아줄이라 생각하고 나왔다고 전해 주었습니다.

◆ **연결고리**

H군은 학교에서 절친한 친구 A에게 이간질을 당했습니다. 그로 인해 학교 생활이 힘들어지기 시작했고, 왕따를 당하면서 점점 위축되어 소심한 성격으로 바뀌어 갔습니다. 왕따가 점점 더 심해지면서 나중에는 학교 폭력까지 당하게 되었고, 결국 도저히 학교에 갈 수 없어진 H군은 학교를 자퇴하기에 이르렀습니다. 그때부터 바깥으로 나가는 것 자체가 힘들어져서 몇 년째 은둔형 외톨이로 지내고 있는 상황이었습니다.

◆ 힘들었던 일

둘러싸여서 돌아가며 한 대씩 맞았던 일. 왕따시킨 애가 자꾸 나한테 숙제를 떠넘겼다. 더 이상 참을 수가 없어서 이제 안 하겠다고 했다가 갑자기 책으로 머리를 맞았다. 그러더니 주변 애들한테 애를 돌아가면서 한 대씩 때리라고 했다. 안 때리면 배신자라고 하면서. 그 말을 들은 다른 애들까지 돌아가면서 나를 한 대씩 때렸다. 어떤 애들은 발로 밀고, 어떤 애들은 손으로 치고, 어떤 애들은 쓰레기 같은 걸 던졌다.

◆ 당시의 감정

몸이 부들부들 떨릴 정도로 화가 나고 무서웠다. 너무 모욕적이고 눈물이 났다. 울면 더 비참할 것 같아서 꾸역꾸역 참았는데도 멈출 수가 없었다. 우는 걸 보고 더 비웃어서 정말 죽고 싶었다.

◆ 감정표 체크

화난, 싫은, 짜증 나는, 답답한, 속상한, 좌절한, 괴로운, 억울한, 신경질 나는, 분한, 열받는, 약 오르는, 욱하는, 상처받은, 비참한, 슬픈, 눈물 나는, 불쌍한, 의욕 없는, 위축된, 의기소침한, 막막한, 기운 없는, 고민되는, 우울한, 서러운, 두려운, 공포스러운, 불안한, 겁나는, 진땀 나는, 긴장된, 주눅 드는

◆ 바라는 것

A를 이기고 싶다. 잘못했다는 사과를 듣고 싶다. 애들에게 인정받고 싶다. 왕따가 아니라 다른 애들과 친하게 지내는 사이였으면 좋겠다.

◆ 해소 방법

힘으로 괴롭혔으니까 더 센 사람을 데려오면 꼼짝 못 하지 않을까?

➡ 엄청 힘이 센 보디가드들을 고용했다고 상상했다. 검은 정장 입고 문신 같은 거 한 다음에 교실 문 앞에서 기다려 달라고 했다. A가 책으로 내 머리를 때리려는 순간, 내가 책을 막아서 A를 밀쳤다. 너 미쳤어? 하고 A가 화를 냈다. 그러자 건장한 남자들이 우르르 들어와 우리를 에워쌌다. 그러면서 보디가드 한 명이 A에게 다시 말해 보라고 했다. A는 당황해서 아무 말도 못 하더니, 그게 수치스러웠는지 얼굴이 시뻘게지면서 이러면 내가 쫄 줄 알아? 하고 적반하장으로 화를 냈다. 그러자 옆에 있던 보디가드가 A를 못 움직이게 붙들더니 바닥에 앉혀서 나한테 사과하게 했다. 그러면서, 우리 아빠가 엄청 무서운 사람이고, 자기들은 명령을 받아서 온 거라고, 사과 안 하면 큰일날 거라고 겁을 줬다. 그러자 A는 깜짝 놀라면서 눈물을 뚝뚝 흘리더니 자기가 잘못했다고, 앞으로 안 그러겠다고 순순히 사과했다. 다른 애들도 그 모습을 보더니 앞다투어

자기도 잘못했다면서, 오해했다고, 앞으로 친하게 지내자고 했다. 그러고 나서는 애들이 나를 괴롭히지 못했다.

◆ 해소 후의 상태

속이 편해졌다. 마음아이에게 어떠냐고 물어보니, 이제 답답하지 않고 편안하다고 이야기해 주었다. 힘들 때 도와줘서 고맙다고도 이야기했다. 내가 앞으로도 너를 지켜 주겠다고 했다. 마음아이가 행복해했다.

◆ 그 후의 변화: 대인기피 해소, 불안과 우울 감소

마음이 안정이 된 H군은, 지금까지 나가려고만 하면 항상 긴장됐었는데 이젠 나가도 괜찮을 것 같다는 느낌을 받았습니다. 실제로 나가 보자 괜찮아졌다는 것을 알았고, 에너지가 조금씩 돌아오는 것을 느꼈습니다. 그러자 자연스럽게 다시 이것저것 해 보고 싶은 의욕이 생겼습니다. 결국 포기했던 공부를 다시 하기로 했고, 이전과 다르게 스트레스가 해소되어 높은 집중력을 유지할 수 있게 되었습니다. 그렇게 공부에 집중한 결과 무려 검정고시 수석 패스라는 쾌거를 이루어 냈습니다.

차별, 가스라이팅을 한 학교 선생님

◆ 증상: 트라우마, 공황

S양은 대학교 입시를 앞두고 그림이 잘 그려지지 않고 극한의 스트레스를 받아서 오게 된 사례였습니다. 잘 그리려 할수록 불안해지고, 숨이 잘 안 쉬어졌습니다. 그림 그린다고 주변에서 비웃지 않을까 항상 두려워했습니다.

◆ 연결고리

중학교 때 S양을 괴롭혔던 친구와 선생님이 원인이었습니다. 학교에서 공부를 못한다는 이유로 선생님에게 찍혔던 것이었죠. 조용히 그림 그리는 걸 좋아했지만 담임 선생님은 S양을 학생들 앞으로 불러내, 만화 따위나 좋아해서 뭐가 되겠냐며 조롱하고 모욕하기 일쑤였습니다. 숙제를 해도, 발표를 해도 항상 남O수 씨를 차별하고 비웃는 선생님 때문에 학교 생활을 하는 내내 힘들었다고 하더군요. 거기서 쌓인 충격이 트라우마가 되어서 그림 그리는 것을 방해하고 있었습니다.

◆ 힘들었던 일

일진인 애가 그림 그리던 걸 빼앗아 놀렸는데, 종례 시간에 들어온 선생님이 오히려 일진 편을 들면서 칭찬을 했다. 그러면서 쟤는 무시 당할 만한 짓을 한다고, 그림 잘 빼앗았다고, 못 그리게 좀 하라면서 모욕했다. 반 애들이 다 나를 비웃었다.

◆ 당시의 감정

너무 수치스럽고 죽고 싶었다. 조용히 그림만 그렸을 뿐인데 다들 나를 문제 있는 것처럼 말했다. 애들이 비웃는 게 무섭고 숨고 싶었다.

◆ 감정표 체크

싫은, 지겨운, 속상한, 좌절한, 괴로운, 억울한, 막막한, 기운 없는, 조심스러운, 안절부절못하는, 두려운, 불안한, 떨리는, 진땀 나는, 조마조마한, 초조한, 굳어 버린, 긴장된, 주눅 드는, 괴로운, 수치스러운, 창피한, 민망한, 자신 없는, 위축된, 난감한

◆ 바라는 것

선생님이 나한테 사과했으면 좋겠다. 일진들도 사과하고 나를 못 괴롭히게 하고 싶다. 그림 그린 걸로 무시 못 하게 대단한 상 같은 걸 받았으면 좋겠다.

◆ 해소 방법

선생님이 잘못된 거를 혼내 줄 사람이 있으면 좋겠다. 교감선생님 한테는 껌벅 죽는 걸 몇 번 봤었는데, 교감선생님이 학생을 차별한 다는 걸 아시면 혼내지 않을까?

➡ 교육청의 높은 사람들이 학교에 감사 나오는 때라서, 교감선생 님이 한창 분위기에 신경 쓰고 있는 때라고 상상했다. 관련한 사람 들 데리고 교실을 도는데, 마침 딱 그때 나를 비웃고 있는 상황이 었다. 밖에 교감선생님과 교육청 사람들이 들여다보더니, 나를 비 웃고 모욕하는 걸 보고서 깜짝 놀라서 문을 열고 들어왔다. 담임선 생님은 혼비백산해서 교감선생님 눈치를 보며, 아이고, 애가 뭘 좀 오해했어요. 하면서 말도 안 되는 변명을 했다. 내가 뚝뚝 눈물을 흘리자 교감선생님이 담임선생님을 쏘아보더니, 나중에 이야기합 시다. 하고는 교육청 사람들에게 어찌저찌 설명하면서 상황을 무 마했다. 결국 나는 교장선생님께 따로 불려 갔고, 괜찮다고, 네 편 이니까 힘든 일 있었으면 얘기해 달라고 하셨다. 나는 솔직하게 그 동안 있었던 일을 털어놓았다. 자세한 사정을 들은 교감선생님은, 담임선생님과 일진 애들까지 다 불러서 나에게 사과하게 해 주셨 다. 특히 일진 애들한테는, 친구를 괴롭히면 생활기록부에 불리하 게 적을 거라고 으름장을 놨다. 결국 애들도, 담임선생님도 나에게 사과를 하고, 앞으로 그러지 않겠다고 약속까지 했다.

그러고 나서 나는 그림 그린 걸로 큰 상을 받아서, 좋은 대학교에 합격할 수 있는 자격이 생겼다.

◆ 해소 후의 상태

마음아이의 상태를 물어보니 이제 괴롭지 않다고 했다. 사과를 받았으니 됐다고, 이제 그냥 좋아하는 그림 계속 그리겠다고 했다. 마음껏 하고 싶은 걸 하라고 했더니 기뻐했다. 마음이 편안해졌다.

◆ 그 후의 변화: 트라우마 해소, 공황 증상 해소

자신을 가로막고 있던 장벽을 풀어낸 S양은, 그림을 그릴 때의 긴장도가 확 낮아진 걸 느꼈습니다. 이전에는 사람들이 비웃을 것 같아 자신 있게 그리지 못했는데, 그런 느낌이 많이 옅어졌고, 입시 선생님에게 칭찬을 들으면서 점점 더 자신감이 생겼습니다. 그림을 그리는 게 전처럼 스트레스로 느껴지지 않았고 자연스레 집중할 수 있게 되자 그동안 억눌려 있던 실력을 발휘할 수 있게 되었습니다. 결국 오랫동안 그림을 좋아했던 것이 빛을 발하여, 전국 규모의 대회에서 상까지 타게 되었습니다. 그 상을 통해 원하던 대학교에 들어갈 수 있게 된 S양은 이제 그림 그리는 게 행복하다고 전해 주었습니다.

학창시절
상처 해소 마무리

여기까지의 학창시절 사례들 역시, 가장 많이 상담을 오게 되는 경우의 사례들이었습니다. 여러분에게 맞는 단서를 발견하셨나요? 발견하고 응용까지 하셨다면 더할 나위 없겠습니다. 그럼, 학창시절의 상처에 대해서도 중간 점검을 해 보겠습니다.

1. 처음과 비교하여 스트레스 감정(분노, 두려움, 슬픔 등) 수치가 얼마나 내려갔나요? 처음 스트레스 상태가 100이라고 했을 때, 얼만큼 남아 있는지를 생각해 봅시다.
2. 아직 남아 있다면, 같은 대상에 대해서 다시 치유 프로세스를 한 바퀴 적용해 봅니다. 그 이후에 다시 남은 감정이 있는지 체크해 봅니다.
3. 많이 사그라들었다면, 대상을 떠올렸을 때 더는 격한 감정이 일어나지 않을 수 있습니다.
4. 현재의 삶에서 비슷한 일이 생기더라도 이전만큼 강렬하게 감정이 일어나지는 않을 거예요. 이제 깊은 상처는 상당 부분 해소가 되었으니, 그때그때 일어나는 것을 잘 해소해 주어야 합니

다. 그래야 스트레스를 누적하지 않고서 좋은 상태를 유지할 수 있습니다.

역시 다음 챕터로 넘어가기 전에, 휴식과 시간이 필요하다면 조금 쉬어 가셔도 좋습니다. 연이어 풀고 싶다면 그 역시도 좋은 일이지만, 숙제처럼 풀지 않으시면 좋겠습니다. 실제 상담으로는 여러 회차에 걸쳐 진행되는 것이니만큼, 에너지 소모가 클 테니까요.

그럼 마지막으로, 가장 현재와 가까운 시절, 사회생활 해소로 넘어가 볼까요?

사회생활

상처 해소

사회생활에서 겪은 일들은 어린 시절 겪은 일은 아니기 때문에, 지금까지 했던 것처럼 어린 마음아이의 모습으로 그려지지 않을 수도 있습니다. 물론 상처를 받은 것은 똑같이 마음속에 있는 아이겠지만, 가족관계에서부터 순차적으로 해소해 왔다면 마음아이는 점점 성장하여 처음보다 조금 커져 있을 거예요. 중요한 것은 결국 내 마음아이가 어떤 모습을 하고 있느냐, 해당 사건을 떠올리면서 공명하고, 해소한 후에 어떤 기분을 느끼느냐 입니다.

사회생활에서 만나는 관계들은 가족관계, 학창시절 관계보다 가벼운 경우가 많기에, 사과를 받거나 상황만 해결되어도 감정이 해소되는 경우가 많습니다. 최대한 다양한 방식으로 상상력을 동원하여 스스로 납득이 가게 상황을 해결해 주세요.

1. 가스라이팅하는 직장 상사

2. 일터를 기피하게 만든 고객

가스라이팅하는 직장 상사 :
폭언하고, 성과 가로채고, 따돌리는 상사

◆ 증상: 불안, 공황, 불면증

M씨는 한 회사를 3년 넘게 다니면서, 상사로 인해 심한 불안감을 느끼면서 불면증에 이어 공황 증상이 찾아왔습니다.

◆ 연결고리

M씨는 3년 내내 상사 B에게 가스라이팅을 당해 왔고, 그러는 와중에도 어떻게든 버텨 왔습니다. 그러다 좋은 기회가 생겨 중요한 프로젝트를 맡게 되었는데, 그때부터 B는 M씨에게 다른 일들까지 떠맡기며 괴롭히기 시작했습니다. 사람들 사이에서 깎아내리는 일은 흔했고, 나아가 식당을 가거나 카페를 갈 때도 따돌리기 시작했지요. 직원들까지 M씨를 피하게 되면서 M씨는 점점 더 회사에서 버티기 힘든 상황이 되었고, 심장이 두근거려 밤에 잠을 제대로 못 잘 만큼 심각한 상태가 되었습니다.

◆ 힘들었던 일

어떻게든 잘해 보려고 몇날 며칠 야근해 가면서 프로젝트 준비를

내 마음 다친 줄 모르고 어른이 되었다

마쳤는데 B가 갑자기 전날 오후에 이상한 수정 지시를 내렸다. 그게 아닌 것 같다고 이야기했더니 멍청해서 그렇다면서 자기 말을 못 알아듣는다고 큰 소리로 화를 냈다. 결국 어쩔 수 없이 수정하고 있었는데 갑자기 중간에 내놓으라고 하더니 아직 수정이 안 됐으니 발표하지 말라고, 자기가 수습하겠다고 했다. 심장이 미친 듯이 뛰면서 안 된다고 했는데, 걱정 말라고, 네가 열심히 한 거 다 어필해 주겠다고 하더니, 결국 발표에서 자기가 다 한 것처럼 이야기하고 자료 조사만 내가 한 것처럼 뭉뚱그려 넘어갔다. 대표님이 아주 잘했다고 칭찬하는 걸 보는데 너무 황당했다. 이후에 이게 무슨 상황이냐고 따졌더니 오히려 왕따를 시키기 시작했다.

◆ 당시의 감정

억울하고 속이 타들어 가는 것 같았다. 대체 나한테 왜 저러지? 하는 생각이 들었다. 그동안 깎아내리고 모욕하는 건 어떻게든 참아 왔는데, 이러려고 회사 생활 버텼나 싶고. 너무 밉고 분하고 눈물이 났다. 심장이 너무 뛰고, 상사를 볼 때마다 숨이 잘 안 쉬어졌다.

◆ 감정표 체크

화난, 짜증 나는, 미워하는, 답답한, 속상한, 괴로운, 억울한, 분한, 열받는, 약 오르는, 욱하는, 의욕 없는, 후회되는, 실망스러운, 허탈한, 우울한, 안절부절못하는, 초조한, 고통스러운, 당혹스러

운, 낭패스러운

◆ 바라는 것

공을 가로채기한 것이 들통나서 혼이 났으면 좋겠다. 내가 해낸 프로젝트인 걸 다른 사람들이 알아줬으면 좋겠다.

◆ 해소 방법

시간이 지나고 보니 그때 후회됐던 게 증거를 만들어 둘 걸, 싶었었다. 그리고 나뿐만 아니라 당한 사람들이 많다. 부장님이 사내 정치질을 아주 싫어하시는데, 부장님이 도와주실 수 있게 상황을 만들면 되지 않을까?

➡ 상상 속에서 시간을 되돌려 상사 B가 했던 모든 말들을 다 녹음하고 자료로 만들었다. 그리고 내가 만든 자료와, 현우 씨가 만든 자료가 차이점이 없는 것과, 이상한 수정 사항을 지시한 것까지 정리해서 자료를 만들었다. 마침 성과 가로채기를 당한 C가 회사를 그만두었다고 상상하고, C처럼 당한 다른 사람들 상황까지 자료로 정리했다. 그리고 발표가 끝난 직후에 부장님에게 면담을 신청했다. 조심스럽게 운을 떼우면서, 회사 내에서 부당한 일이 계속해서 생기고 있고 그에 대한 피해자들이 계속 나오고 있다고 설명을 시작했다. 부장님은 심각한 표정으로 들어 주었고, 이건 회사

차원에서 논의해야 할 것 같다고 하셨다. 결국 상사 B는 지금까지 해온 일들이 다 들통나 강등과 감봉을 당하고 다른 부서로 전출되었다. 부장님이 해당 프로젝트를 다시 나에게 돌려주면서 내 성과가 크다고 강조해 주었고, 나는 책임지고 내 이름으로 일을 완수할 수 있게 되었다. B는 결국 회사를 그만두었다.

◆ 해소 후의 상태
가슴속에 불이 붙은 것처럼 답답하고 숨이 잘 안 쉬어졌었는데, 속이 좀 시원해졌다. 마음아이에게 물어보니 이제 괜찮아졌다고 했다. 답답한 것이 많이 사그라들고 속이 편해졌다.

◆ 그 후의 변화: 공황 증상 해소, 불안 · 불면 증세 해소
그동안 누적된 스트레스를 해소한 M씨는 잠을 잘 수 있게 되었고, 한층 차분해진 마음으로 회사 생활에 임했습니다. 상사 B를 대할 때도, 이전에는 자동적으로 주눅들고 방어적인 태도를 취하게 되었는데, 상처를 치유하면서 자존감이 회복되자 더는 공황 증상이 일어나지 않았고, 좀 더 의연하게 대할 수 있었습니다. 그러자 B도 달라진 M씨의 태도를 느꼈는지 전처럼 쉽게 막말을 하지 못했습니다. M씨는 그것을 느끼고, B의 불합리한 요구에 이전처럼 순응하지 않고 거절을 했습니다. 그러자 B는 예상치 못한 반응에 놀랐고, 그 이후부터는 전처럼 M씨에게 막 대하지 못했습니다. 그것만으로도 회사를 다니기 훨씬 수월해진 M씨는 여유를 가지고 이직처를 알아볼 수 있게 되었습니다.

갑질하고 성희롱하는 고객

◆ 증상: 강박, 불안, 사회공포증

J씨는 유통회사의 VIP 고객 관리 팀에서 일을 하고 있었는데, 갑질
과 성희롱을 일삼는 고객들로 인해 말을 더듬게 되어 상담실을 찾
아온 케이스였습니다.

◆ 연결고리

VIP를 상대하다 보니 까다로운 요구가 많았고 업무 스트레스가 높
았는데, 한 고객 C가 J씨를 지속적으로 괴롭히면서 스트레스가 극
심해졌습니다. 처음에는 과도한 요구와 불친절한 태도로 시작했지
만, 이후엔 J씨의 외모에 대해서까지 언급을 하며 성희롱적 발언을
서슴지 않았다. J씨는 매번 웃어 넘기며 최대한 프로페셔널하게 대
응하려 했으나, C는 점점 더 무리한 요구를 하다가 나중에는 협박
까지 하기 시작했지요. 이는 점점 심해져 말을 완벽하게 해야 한다
는 강박증으로 나타났고, 그 반동으로 J씨는 말을 더듬게 되고 말
았습니다. 크게 충격을 받고 결국 버티기 힘들어진 J씨는 회사를
그만둬야 할지 고민하는 상황까지 이른 것이었지요.

◆ 힘들었던 일

C가 갑자기 회사에 아무런 예고도 없이 찾아와 책자를 집어 던졌다. 그러면서 자기 말이 말 같지 않냐며, 왜 원하는 대로 제대로 응대를 안 하냐고 소리를 질렀다. 나는 깜짝 놀라서 여기서 왜 그러시냐, 조금 진정하시고 나가서 말씀하시라 했지만 들고 있던 팸플릿으로 내 얼굴을 탁탁 치면서 '네가 지금 내 말을 안 들어먹어서 이러는 건데 뭘 나가서 얘기해?'라고 비아냥거렸다. 심장이 미친 듯이 뛰고 식은땀이 났지만, 그래도 어떻게든 대응해 보려 했다. 한데 같이 말리려던 남자 직원한테 대뜸 '너 보기엔 어떠냐, 이렇게 생긴 애가 일을 잘하겠냐? 다른 애 뽑아라.' 하면서 인신모독까지 서슴치 않았다. 그 말을 듣는데 나도 모르게 눈물이 울컥 솟았다. 주체할 수 없이 눈물이 계속 쏟아졌다.

결국 팀장님이 나서서 C를 데리고 나갔고 어떻게 무마되었지만, 나는 자리에 돌아와서도 도저히 일이 손에 잡히지 않았다. 그 후부터 회사에 출근하면 계속 그 일이 떠오르면서 심장이 두근거리고 숨이 잘 안 쉬어졌다.

◆ 당시의 감정

내가 왜 이런 취급을 받아 가면서 일해야 하지? 회사에서는 아무런 도움도 주지 않았고, 내가 인권도 없는 기계인 것처럼 느껴졌다. 너무 비참하고 이렇게 해 가면서 돈을 벌어야 하는 게 슬프고,

여기까지 고생해 온 것들이 다 허탈했다. 그냥 사라지고 싶었다.

◆ 감정표 체크

좌절한, 괴로운, 억울한, 분한, 충격적인, 상처받은, 비참한, 슬픈, 눈물이 나는, 허탈한, 우울한, 서러운, 무서운, 공포스러운, 떨리는, 겁나는, 초조한, 긴장된, 주눅 드는, 고통스러운, 수치스러운, 혼란스러운

◆ 바라는 것

C에게 사과받고, 자신이 한 일을 책임지게 하고 싶다. 더는 그런 짓을 못했으면 좋겠다. 회사가 VIP 고객이라는 이유로 방치하는 게 아니라 정당하게 나를 보호해 줬으면 좋겠다.

◆ 해소 방법

C가 가끔 우리 딸이 어쩌고 하면서 자랑했던 게 떠올랐다. 딸이 비슷한 일로 부당함을 겪으면 잘못한 것을 느끼지 않을까?

➡ 딸이 다니는 회사에서 직장 상사가 그녀에게 갑질을 하는 걸 상상해 보았다. 딸이 속상해하면서 C에게 고민을 토로했고, 너무 힘들고 스트레스 받아서 회사 가기가 싫다고 하는 것을 보았다. C는 상사가 어떻게 했느냐며 딸의 편을 들었고, 딸은 자신이 당한

일을 자세하게 설명했다. C는 자기가 갑질할 때 하는 말들과 비슷한 이야기를 딸의 입에서 듣고 깜짝 놀랐다. 그 반응을 본 딸은 '아빠, 왜 놀라? 설마 어디 가서 막 그런 이야기 하고 다니는 거 아니지?'하고 아빠를 다그쳤고, C는 그에 당황하여 어정쩡하게 진실을 토했다. 그러자 딸은 큰 충격을 받으며, '그 사람도 자기 아빠가 있을 거 아니야. 자기 집에서 귀한 딸일 텐데, 내가 어디 가서 그런 소리 들으면 아빠도 화나지 않아?'하고 말했다. C는 큰 충격을 받았고, 그제야 자신이 해 온 것들을 돌이켜 보았다.

결국 C는 자신이 잘못했다는 것을 깨달았고, 회사로 찾아와서 나에게 정중하게 사과를 했다. 자기한테도 딸이 있는데, 그 딸이 자신을 혼냈다면서, 그러면 안 되는 건데 말실수를 했다고 이야기했다. 그러면서 팀장님을 불러, 이 아가씨가 고객 응대를 아주 잘하는 사람이니까 회사에서 잘 좀 챙겨 주라고 이야기했다. 나중에 팀장님이 나를 따로 불러서, 그때 제대로 못 챙겨 줘서 미안했다며 앞으로 회사에서 너를 좀 더 잘 대우할 거라고 이야기했다.

◆ 해소 후의 상태

마음속에 쌓여 있던 불안과 분노가 조금씩 가라앉았다. 마음아이가 보호받는다는 느낌을 받지 못했었는데, 해소 후에 물어보니 이제 보호받는 기분이 든다고 했다. 이제 공격받지 않고, 존중받는 기분이 든다고 했다. 위로가 되고 위안을 받은 느낌이었다. 마음속에 답답함이 사라지고, 숨이 다시 편하게 쉬어졌다. 앞으로 비슷한 일이 생겨도 잘 이겨 나갈 것 같다는 기분이 들었다.

◆ 그 후의 변화: 강박 증세 해소, 사회공포증 해소

J씨는 상처를 치유하고 나자, 다시 고객관리실로 돌아가서도 이전만큼 심하게 스트레스를 받지 않는 것을 느꼈습니다. 치유 과정을 통해 스스로를 지켜야 한다는 것을 많이 느끼고 자존감이 회복된 J씨는, 일에 너무 목을 맬 필요가 없다는 것을 느꼈고 그러자 말하는 것도 다시 자연스럽게 회복되었습니다. 한 걸음 떨어져 자신의 상황을 볼 수 있게 되자, 그동안 돈을 벌기 위해 맞지 않는 일을 해왔음을 깨달았습니다. VIP 고객 관리는 누가 해도 어려운 일이지만, J씨는 천성이 다정하고 섬세한 것을 좋아하는 사람이라 영업직과 잘 맞는 성향은 아니었던 겁니다. 그를 깨달은 J씨는 이후로 더이상 스스로를 괴롭혀 가면서 과하게 친절하게 하지 않았고, 그러자 오히려 막무가내로 굴던 사람들의 태도가 좀 더 정중해지는 것을 느꼈습니다.

여유가 생기고 스스로를 돌아볼 수 있는 힘이 생기자 자신을 괴롭히는 일을 하기보다는 진짜 원하는 일을 하고 싶다는 생각이 들었고, 오래도록 꿈꾸던 공예를 하기로 마음먹었습니다. 당장 회사를 그만두지는 않았지만 한층 여유로운 마음으로 새롭게 꿈을 향해 걷게 된 J씨는 훨씬 밝아진 얼굴이었습니다.

사회생활
상처 해소 마무리

드디어 사회생활 해소까지 끝이 났습니다. 처음의 가족관계 해소가 보통 가장 오랜 시간과 과정이 필요하고, 이후의 사회생활 파트는 그리 오래 걸리지 않는 경우가 많아요. 아마 뒤로 넘어올수록 해소가 좀 더 쉽다고 느껴지셨을 텐데, 핵심적인 것들이 먼저 풀렸기 때문에 그런 것입니다. 큰 바위가 먼저 사라지면, 그보다 작은 돌덩이를 치우기는 쉬운 이치입니다.

여기까지 오셨다면 이미 여러분을 괴롭히던 감정 문제들의 상당 부분이 해소되었겠지요. 그럼, 마지막 점검을 해 볼까요?

1. 처음과 비교하여 스트레스(분노, 두려움, 슬픔 등) 감정 수치가 얼마나 내려갔나요? 처음 스트레스 상태가 100이라고 했을 때, 얼만큼 남아 있는지를 생각해 봅시다.
2. 아직 남아 있다면, 같은 대상에 대해서 다시 치유 프로세스를 한 바퀴 적용해 봅니다. 그 이후에 다시 남은 감정이 있는지 체크해 봅니다.
3. 많이 사그라들었다면, 대상을 떠올렸을 때 더는 격한 감정이 일

어나지 않을 수 있습니다.

4. 사회생활은 특성상 문제의 대상이 되는 이들을 다시 마주치게 되거나, 계속 만나야 하는 상황일 수 있습니다. 문제가 현재진행형이더라도 스트레스가 누적되지 않게 하는 것이 가장 중요한 만큼, 해소는 계속 이어 나가시는 것이 좋습니다. 다만 행동이 필요한 상황이라면 역시 이전의 '생각, 마음, 몸(행동)' 챕터에서 이야기했던 것처럼 세 가지를 함께 챙겨야 하겠지요. 내 마음을 해소한 것으로 상사의 반응이 달라진다면 다행이지만, 그러지 않는 경우라면 상황을 잘 판단해서 내 마음이 편해지는 방향으로 움직이시면 좋겠습니다.

상담을
마치며

이로써 드디어, 치유의 풀코스, A to Z가 끝났습니다.

지름길을 잘 찾아내셨나요? 누가 약속한 듯한 맞춤옷을 발견하셨다면 더할 나위가 없겠습니다.

이전에도 이야기했듯이 이 장의 사례들은 긴 내용으로 이루어져 있는 만큼, 시작하자마자 숙제처럼 해치워야 하는 것이 아닙니다. 지금까지 살아온 시간을 되짚어 올라와야 하는 만큼, 필요한 시간을 충분히 들여 주세요. 그리고 이후의 일상에서 문득 필요하다고 느껴질 때, 어떻게 했었는지 확인하고 싶을 때, 당장이라도 마음의 짐을 해소하고 싶을 때, 이 책이 필요해지는 순간에, 언제고 몇 번이고 돌아와 주시면 됩니다.

치유가 습관이 되고, 여러분의 마음아이가 어른이 되도록. 그리하여 세상의 어느 누구도 빼앗을 수 없는 단단한 땅이 될 때까지. 제가 여러분에게 바라는 것은 오직, 그 하나뿐입니다.

책을 덮는 것이 끝이 아닌, 온전히 여러분의 것이 된 후가 진정한 끝입니다. 또한 거기서부터 펼쳐져 나갈 여러분의 새로운 삶을 기대합니다.

그리하여 여러분의 빛이 여러 갈래로 퍼지고 퍼져 세상이 조금 더 밝아지고, 그 빛이 저에게도 전해진다면, 저는 그때 또, '아, 이 일을 하기를 참 잘했구나.' 하고 웃을 수 있을 거예요.

저는 이 자리를 처음부터 끝까지 지키고 있겠습니다. 여러분은 있는 곳에서 오래도록, 최선을 다해 행복해 주시기를 바랍니다.

에필로그

<hr />

변화는 이미
시작되었습니다

드디어 책 한 권에 걸친 여정이 끝이 났습니다.

저는 마치, 처음 프롤로그를 쓸 때와 같은 벅차는 마음으로 지금 이 글을 적고 있습니다. 긴 이야기였지요. 생에 처음 마음아이를 만나 공명하고, 긴 시간 참아 온 눈물을 흘리고, 그 손을 잡고 여기 오시기까지. 참으로 먼 여정이었을 겁니다.

얼마만큼의 시간을 달려 여기까지 도달하셨나요? 천천히 오셨든, 빠르게 오셨든, 너무나 고생하셨습니다. 한 걸음 한 걸음, 디디느라 애쓰셨습니다.

이제 여러분께, 제 오랜 시간을 담아 만든 마법의 지팡이를 온전히 쥐어 드렸습니다. 이 지팡이를 이용해 원하는 대로 상상을 현실로 만들고, 마음아이와 함께 너른 꽃길을 걸어가시기를 기대합니다.

16년간 상담을 해 오면서 제가 느낀 것은, 세상의 많은 분들이 각자의 영역에서 다른 이들을 돕고, 때로는 구하고 있다는 점이었습니다. 꼭 상담이 아니어도, 세상에는 사람을 구하고 돕는 아주 많은 방법이, 그걸 하고 계신 아주 많은 분들이 있었습니다. 의사는 의사의 방법으로, 한의사는 한의사의 방법으로, 심리 상담사는 심리 상담사의 방법으로. 그뿐일까요. 예술을 통해서, 이야기를 통해서, 콘텐츠를 통해서 아주 많은 사람들이 위로와 사랑을 각자의 방식대로 전하고, 그로 인한 치유가 각양각색의 모습으로 피어나는 것을 지켜보았습니다.

사람은 한 명 한 명 악기와 같아서, 따로 따로는 하모니가 만들어지지 않습니다. 각자가 만나 어우러진 음들이 모이고 모여 비로소 하모니가 만들어집니다. 마치 줄처럼 엮여 세상을 연결하는 그 사랑의 그물을 타고, 각각의 음이 저에게 와서 저의 선율과 함께 완성되던 수많은 순간들, 그 순간들이 제가 지난 16년간 숱하게 목도할 수 있었던 작은 기적들이었습니다.

각자의 자리에서 할 수 있는 일을 하는 이들은 얼마나 빛이 나고 귀한지요. 그런 힘들이 모이고 모여 세상이 이만큼 돌아가고 있음을 너무나 잘 압니다. 눈에 띄든 띄지 않든, 그런 에너지와 노력이, 사랑이 모이고 모여서 한 걸음 더 좋은 세상을 만들어 가는 것을 압니다.

각자의 영역에서 세상을 행복하기 만들기 위해 최선을 다하는 모든 분들께, 그리하여 저를 찾아온 한 명 한 명과 연결된 모든 분들께, 같은 시대를 살아가는 사람으로서 감사를 표합니다.

책이라는 것은 결국 읽어 주는 사람이 없으면 의미가 없는 외침에 불과하지요. 읽는 이에게 가닿았을 때야 비로소 생명의 불이 켜지고, 말에 힘이 담기고, 그로 인해 마침내 소통이 됩니다. 대화가 됩니다. 그리하여 어딘가에서 홀로 어둠에 잠겨 계신 분들께 부디 가닿기를 바라는 마음으로 쓴, 아주 높은 산에서 외치는 메아리입니다. 부디 이 외침이 그 귓가에 머물러 어떤 형태로든 형태를 맺는다면, 그게 스스로의 삶을 좀 더 사랑하는 방향이 된다면 더할 나위 없이 기쁘겠습니다.

마지막으로 제 삶의 처음과 끝을 한결같이 지키고 계신, 이 책을 쓰는 내내 온전한 영감이 되어 주신 하나님께 이 책을 바칩니다.

책은 여기서 끝이지만, 여러분의 찬란한 변화는 이제 시작입니다.

부디 몰아치는 폭풍우 속에서도 빛나는 자신을 찾아내시길,

그리하여 마침내 평온하시길 빕니다.

따스한 봄을 기다리며,
김호성

내 마음 다친 줄 모르고
어른이 되었다

초판 1쇄 발행 2025년 3월 20일
초판 3쇄 발행 2025년 4월 22일

지은이 김호성
브랜드 온더페이지
출판 총괄 안대현
편집 김효주, 심보경, 정은솔, 이제호
표지 · 본문디자인 room501

발행인 김의현
발행처 (주)사이다경제
출판등록 제2021-000224호(2021년 7월 8일)
주소 서울특별시 강남구 테헤란로33길 13-3, 7층(역삼동)
홈페이지 cidermics.com
이메일 gyeongiloumbooks@gmail.com(출간 문의)
전화 02-2088-1804   **팩스** 02-2088-5813
종이 다올페이퍼   **인쇄** 재영피앤비
ISBN 979-11-94508-11-3 (03180)